聪明女人背小包

优雅与美感的修炼之法

[日] 横田真由子 / 著
蔡明明 / 译

本当に
必要なものはすべて
「小さなバッグ」が
教えてくれる

CNS PUBLISHING & MEDIA 中南出版传媒
湖南文艺出版社 HUNAN LITERATURE AND ART PUBLISHING HOUSE
博集天卷 CS-BOOKY

图书在版编目（CIP）数据

聪明女人背小包 /（日）横田真由子著；蔡明明译. —长沙：湖南文艺出版社，2016.12

ISBN 978-7-5404-7877-3

Ⅰ. ①聪… Ⅱ. ①横… ②蔡… Ⅲ. ①女性–服饰美学–通俗读物 Ⅳ. ①TS941.11-49

中国版本图书馆CIP数据核字（2016）第289496号

著作权合同登记号：图字18-2016-184

上架建议：商业·励志

CONGMING NUREN BEI XIAOBAO

聪明女人背小包

作　　者：［日］横田真由子
译　　者：蔡明明
出 版 人：曾赛丰
责任编辑：薛　健　刘诗哲
监　　制：毛闽峰　李　娜
特约策划：杨清钰
特约编辑：马玉瑾
营销编辑：贾竹婷　雷清清
版权支持：闫　雪
封面设计：仙　境
版式设计：李　洁
出版发行：湖南文艺出版社
（长沙市雨花区东二环一段 508 号　邮编：410014）
网　　址：www.hnwy.net
印　　刷：三河市鑫金马印装有限公司
经　　销：新华书店
开　　本：875mm × 1270mm　1/32
字　　数：80 千字
印　　张：7.5
版　　次：2016 年 12 月第 1 版
印　　次：2016 年 12 月第 1 次印刷
书　　号：ISBN 978-7-5404-7877-3
定　　价：39.80 元

质量监督电话：010-59096394
团购电话：010-59320018

外出的时候带小包，会觉得轻便出门的兴致更高，想去更多、更远的地方看更多的东西。因为比起扛大包，小包给人带来的自由度要高许多。

比如散步的时候，即使走在跟平时一样的路上，在不该拐弯的角落也会突然想绕进去看看。很喜欢却每次经过都没有进去的店，也会变得越发想进去看看。

然后也许就会惊喜地发现很棒的店，遇到一直想要的东西。跟着直觉行动时，你的心是最轻松的。这时，视野会变得更开阔，你身体里沉寂的触角会苏醒并抓住很多东西。

往往巨大的变化都是从改变小小的行动而开始的。

一位朋友曾经给我讲过这么一个故事。

上班的时候，为了换乘方便，她一直都固定坐在第三节车厢。有一天她换了一个小包背，突然想："要不，今天去第一节车厢，看看平时见不到的风景吧！"然后，偶然遇见了自己以前一直很欣赏的人，闲聊之后决定一起去吃饭。

如果跟以前一样，一直背同样的包，她应该会同往常一样去第三节车厢吧，也就不会偶遇想见的人了。

想要抓住机会的话，凭直觉行事也很重要哦。人们经常说："机不可失，时不再来。"错过后才醒悟，再回头就抓不住了。锻炼直觉的方法就是尽快决断。而要尽快决断，首先需要减轻身上的负担。

那么，让我们带着小包，愉快地走向新天地吧。

“小包”会告诉你，什么是你真正需要的。

目 录

CONTENTS

聪明女人

背小包

Wise Women Carry

Small Handbags

Chapter

2

钱怎么花在刀刃上

——精选10件商品

目 录 CONTENTS

Chapter 3 优雅与美感的修炼之法

Chapter

4

用小包的生活方式

175

前言 Preface

丰富的人生，从小包开始

小包里只装有限的人生里

想要放入的东西。

大包里塞满的是操心和义务感

在结束了GUCCI（古驰）售货员的工作以后，我成了一名职业咨询师，在12年的时间里接触了3000多位职业女性。

了解了她们的烦恼以后，我总结出一个问题，“那些太过努力的女性，大多背着大包”。里面装着电脑、文件等工作上需要的东西，以及润喉糖、折叠伞、针织衫和环保购物袋等临时需要的东西，如果不全都准备好的话，她们就放心不下。

以前我也是这样。

总是觉得，绝对不可以麻烦别人，要靠自己一个人解决所有的事。现在才意识到，当时我给自己增加了多少不必要的压力。

我受到“你简直是一个拼命三郎”“你在我就放心了”这样的话鼓舞，于是觉得自己一个人什么都能干是一件特别了不起的事。可是随着越来越努力，包包变得越来越大，压在肩上的重量不断增加。

我一直努力从不言苦，从兼职开始到成为店长只用了三年，这是公司历史上晋升最快的。

受到人们的表扬，自己也认可这样的努力，慢慢地建立了自信。因此觉得要更加努力，取得更好的成绩，于是越跑越快，越跑越快。

顾客数量一直维持在第一名，他们对我说："我就是想从你这里买。"每一天都非常充实。

但我不仅要求自己要出成绩，还要求下属们要像自己一样刻苦。

我自己这么努力，所以也绝不允许下属不努力尝试就说"我不会""我不知道"。

所以虽然在工作上得到的评价越来越高，可是被下属和周围的人私下评价说"一点都不讨喜""你一个人也可以啊"，随着包包越来越大，孤独感也越来越深。

有一次，我和上司一起去客人家里拜访。

上司是个急性子，走路非常快。我一路很紧张，得小跑才能跟上她。

到了车站，准备过检票口的时候，在塞满了东西的大包里突然找不到乘车卡了。我记得自己是随手丢进去的。

因为快要错过电车，看着急躁的上司，我一边在包里不停地翻找，一边浑身冒冷汗。

可是越着急就越找不到，结果，我们错过了半小时才有一班的电车。

在站台上，上司和我都不怎么说话了，两个人一直盯着超市的广告牌。

如果是用小包的话，就不用让人等那么久，自己也不会那么着急了吧。那个时候，我忽然怀疑："真的有必要背着这么多东西吗？"这也成了写这本书的一个契机。

拥有太多是不幸

当时，我通过疯狂购物来宣泄工作的压力，每个季节都花大量的钱买时尚用品。其实，我对物质并没有过多的追求，而是渴望得到“买到手”的成就感，所以不断地买。

因此，衣柜都被衣服填满了。

我又特别喜欢鞋子，鞋柜里装不下的都堆在进门的玄关，原本就狭小的空间也很快就被填满了。

衣柜和鞋柜的空间都是有限的，然而，就算装不下了还是想要更多。但对这些，我都没有放在心上。

当然，在关键的时候总会找不到想穿的衣服，好不容易从里面翻出来的时候，发现衣服不知什么时候从衣架上滑下来，被压得皱皱的。鞋子没有加以保养，想穿的时候发现里面的雨渍还没干。

贵的东西如果买了之后没有认真保养的话，是看不出来这个东西原本有多好的。

找不到乘车卡而错过电车，是这样的生活不断积累导致的后果。

我想要的生活：一把喜欢的椅子和几本书足矣

当时，一个客人的一番话，教会了我新的“待物之道”。

“如果20平方米的房子月租100,000日元的话，1

平方米就是5,000日元。那么你可以想一想，在每个月要付5,000日元的地方，放这个东西有价值吗？”

我赶紧回家，看到那些觉得可能用得上而买的东西、因为便宜一时冲动买的东西已经把我的屋子填满了。

我家里到处都是日常生活里几乎用不到的东西。

受到客人这番话的启发，借着一次搬家的机会，我把很多东西都丢掉了。

把那些早已忘记自己有的，一年里都没用上的，虽然很喜欢可是尺码不合适的衣服等，都痛下决心卖给二手店，只留下有纪念价值或者实际意义的东西。

一开始还担心自己会后悔呢，其实只是杞人忧天。

衣柜变宽敞了，自己有什么东西一眼就知道。

衣服变少以后，就能记住每件东西的特性，比如这件大衣和这个包很搭配，这条围巾好看，等等。渐渐地，不再需要每天早上试好几身衣服，纠结穿什么了。

因为留下的都是自己喜欢的或是重要的东西，所以会用心地好好保养。

买新家具的时候，这席话也成了我判断的标准。花了10,000日元租的地方，比起放一盏自己不喜欢的灯，还不如什么都不要放看着更顺眼。家具只需要满足最低的需求。

不放东西，留白的屋子感觉更开阔，生活得更舒心。

就这样，身边只有自己选择后留下的东西，那么，在这个宽敞的家里，该干点什么呢?

我仔细想自己在做什么的时候感觉最幸福，答案竟是长时间坐在舒服的椅子上，读喜欢的书。

因此，我在空着的窗边一角，布置了一个只用来放椅子和书的小空间。

对每个人来说，舒适的空间是不同的。对我来说，这个简单的小角落比什么都舒服，它的东西任何时候都可以移动，让我觉得很自由很舒心。

其实你真正需要的，很少。

当今这个时代，不管你在任何地方，缺了什么东西，几乎都能在便利店买到。

当然，工作的时候，小包装不下文件，我现在也是大包和小包同时使用，但再也没有发生过手忙脚乱在包里翻乘车卡的事了。

每次出门只带必需的东西，包里放了什么自己一清二楚。

轻便，简单生活，会成为构成未来时代的要素。“这些就够了”，选择最低限度的需要，生活只留下最基本的需求，这么一来，自己也会觉得很自由。我想大概是因为，这么一来你就有帮助别人的余力了吧。

小包代表着轻松

在接受职业生涯的咨询时，我多次听到职业女性在工作中有类似这样的苦恼，“因为我不会撒娇，所以一直很吃亏”“我已经这么努力了却一点回报都没有”。

这种时候，我都会建议她们“试一试换一个小包去上班，一周一次就好”。

随身带很多东西的人，一般对周围的人和气氛比较敏感，能够更早地采取行动。但其结果是，需要准备的东西越来越多，包包越来越重，不得不考虑得越来越周全，带更多的东西。

“凡事都要靠自己”“不能问别人的意见必须自己做决定”“我必须要坚强”。

越是有责任感被信任的人，就会带越多东西。

可是，其结果就是为了那些不太重要的事忙得团团转，连要处理重要事情的时间都被占用了。

“小包”=“你有限的人生”，里面能装入的东西只有一点点。

一个人不可能背负所有的东西。因此，要慎重地考虑带什么。

为了背小包就要重新考虑随身带的物品。这也关系到重新考虑这一天的计划。

然后，重新审视在自己有限的人生里到底要做什么。给它们排一个先后顺序，选择你的小包里要放的东西，自然而然地就会流露出你的价值观。

所以，随着你的出行变得轻便并重获积极性的同时，为了认清“自己真正需要的东西，真正想做的事”，希望你可以试一下背小包。

Chapter

1

少而精的观点

聪明女人
背小包

Wise Women Carry
Small Handbags

1 物尽其用的态度

“贫穷之人，有无限欲望，永不满足。”

也许由于现在是快速时尚的全盛期，所以用合适的价格就能买到流行的东西。

这些东西都只是当季用，流行的趋势变了又要买新的东西。在这个大量生产、大量消费不断轮回的社会里，无论是生产方还是消费方，都只能不断地生产，不断地消费。

所以，为了让消费者觉得“随潮流是一件很酷的事情”，他们会打出让人心动的广告词，把陈列做得很美，然后不断地推出便宜的新产品。

其结果是，不知不觉买来的这些衣服和鞋子堆满了我们的衣橱，我们已经拥有很多东西却还是不断被“这没有，那没有”的物欲所纠缠。不管买多少东西，我们只在买的当下觉得幸福，花了很多钱，可是过后还是不满足。所以，为了得到一丁点的满足感又着手去买，形成了一个恶性循环。

当我还是重度“购物狂”患者的时候，一位尊敬的长辈给我推荐了绘本《卢利尤伯伯》。

故事发生在巴黎。主人公是一位叫苏菲的小女孩，她心爱的植物图鉴散开了。

正当她不知所措时，路人告诉她：“你去找卢利尤伯伯吧，他可以帮你把书修好哦。”

卢利尤（Relieur），就是法语“再一次重新装订”的意思。

苏菲四处寻找，终于在一条小巷子里找到了卢利尤伯伯的小店。

在苏菲的面前，卢利尤伯伯奇迹般地把植物图鉴修好了。

据说手工装订的书，需要六十多道工序。在这本世界独一无二的苏菲的植物图鉴诞生的同时，卢利尤伯伯也一点点地将他的精神传递给了苏菲。

最后，卢利尤伯伯的魔法之手用金箔在封面印上书名，完成图鉴的修复。读到这儿时，我仿佛被一种幸福的光芒所包围。修复后的书，又开始了新的生命。

卢利尤伯伯说：“书上写满了重要的知识、故事、人生和历史。卢利尤的工作就是使这些东西不被遗忘，能够传承到未来。”

故事的最后，苏菲成了一位植物学家。这本图鉴，成为卢利尤伯伯送给苏菲的无可替代的礼物。这就是一个关于拥有魔法之手的职人，耐心细致重新装帧书籍，成了苏菲梦想的种子的故事。

看完这本绘本之后我才恍然大悟：“我真正想要的原来是这个。”

不断地买新的东西，随便用一下就扔掉了，所以当然会一直觉得“不够，还不够”。对待物品应该走心、善用。曾经是个“购物狂”的我，需要卢利尤伯伯的魔法之手，来重新唤醒物品。

最近我发现，许多人不仅在处理物品上，就连在人际关系和工作中，也是很快地就重装，自己亲手把游戏结束了。

尤其是在大城市，人多物杂，总觉得还有很多备胎。所以人容易陷入一种错觉，觉得无论随便把什么给丢弃了，总能找到候补的。

可是，不管这个世界有多少人，我们能够遇见的，冥冥之中缘分把我们连在一起的，只有一小部分人而已。

在我们面前的人们，不是可以替换的物品，而是无可取代的重要的人们。

如果你不断重复随意开始又随意结束的小循环的人际关系，就会产生人与人之间无法紧密联系的不确定感，终有一天，空虚会向你袭来。

自己认为重要的人和物，即使稍微有些不完美的地方，也要好好地保留在身边，慢慢锻炼自己的克制力，终有一天，你会感受到莫大的满足和充实。

拥有眷恋的东西，是人心一直温暖跳动的能量。

Point of This Lesson

能够每天都带来充实感的，就是只留下那些即使要修复也不愿舍弃的东西。

---

2 从祖母传承给孙女的传说之包

将情感寄托于物品，成为爱的接力棒。

有没有什么东西，就算用旧了你也不舍得丢，不惜花费高昂的维修费用，也要留在身边？

我觉得这样的物品，已经超越了物品价值的本身，成了我们人生的伙伴。

我想跟你们说一个关于GUCCI的竹节包的故事。

这款竹节包在纽约一个传统美术馆展出过，可以说是GUCCI的代表作了。提把是用竹子做的，搭配和服能够突显穿戴者的厚重感和传统之美，是不可多得的经典作品。

有一天，我遇到了一位从祖母那里继承了竹节包的小姐。

这位小姐坐立有方，端庄有礼，虽然还是大学生，但让人感觉落落大方非常沉着。衣着上虽然吸取了一些流行元素，但总体风格属于保守派。

第一次遇见这位小姐，是在阪急电车里。神户这条充满着异国风情的城市，跟正统的保守派十分相配。

她在芦屋川上车，穿着亮米色的混麻套装和鱼嘴鞋，拿着茶色的竹节包，在我的面前坐下。

“啊，是竹节包。”虽然我首先注意到的是包，但马上便被她年轻却不输给竹节包的气场吸引了。

其实，竹节包并不是一款适合年轻女孩子日常使用的包。

但她轻松随意却把包用得品位很好，让我非常感动。

印象最深的是她好看的坐姿。背部挺得笔直，就像飞机起飞时的空姐一样，头微微低着。

此后，当这位小姐成为我的客户再次相遇时，我听到了这个故事。

这个包是祖父在结婚纪念日时，送给祖母作为礼物的。

在祖母过世后，因为看见祖父时常会把这个包从箱子里取出来，加以保养，便对祖父说不如让自己用吧。

她说："我也像这个包包一样，是被许多爱养育成长的。"随着包包一起，她继承了祖父对祖母的爱，很珍惜地使用这个包。

那个瞬间，我对物品的价值观彻底改变了。

我才意识到，能够抵抗时间流逝的好物，是情感寄托在其之上并能够传承下去的。

在那之前，我一直觉得“我自己用就够了”，但从那之后我开始希望自己认为重要的物品，可以在未来交付于谁。

新的东西可以给予人新鲜的感觉，但使用了10年甚至20年的物品，会有非同寻常的存在感。

长时间使用的物品，就像拥有了人格一样，自带一种无法形容的味道。

举个例子，从平安时代遗留下来的华丽的佛寺和神社等建筑物，为什么会有无数人为之倾倒？

那不仅是因为历经千年仍不朽的雕刻和工艺，还因为经历了历史。

就像好酒一样，好的东西被精心保存，随着历史的沉淀会愈加有味道。

我家的沙发，用到今年是第23个年头。

它是CASSINA（卡西纳）家具公司1973年发布的杰作——MARALUNGA（马拉伦加）。

当我还是GUCCI的售货员的时候，跟一位我非常崇拜的满头银丝的女士聊天，我说我最喜欢读书的时光，她说："坐在顶级的沙发上读书的话，会更加觉得读书的时光美好得无可取代。"

她还说："桌子只是用来放东西的，用漂亮的桌布一盖便什么都看不到了，所以不用买太好的。可是，椅子是用来放置自己的身体的，所以记得要买好的。"

我被她的笑容迷住了，虽然决定要买，可是在价格上难住了。因为那是我当时工资的三倍！

我节俭再节俭，其他所有东西都忍住不买，存够钱后一口气买了下来。

现在想来，幸好当时硬着头皮买了下来。23年来，一边用一边不断地维修和保养，它是见证了我生活状态的伙伴。

在那上面，有咖啡渍，有钢笔尖勾到的地方，还有已经印出了我背形的靠垫……都是过去岁月里发生的故事。

我想起了自己看书看哭了在上面睡着了的时候，想起了在上面和朋友谈笑风生的时候。

生活伙伴的关系，只能和很少的东西去共同建立，需要你用很多的时间和精力。

所以，你不必拥有太多东西，只需要好好守护这一点点对你来说真正有价值的东西。

这才是我想介绍的“少而精的人生”。

Point of This Lesson

与物品的邂逅就如同与人的邂逅。在建立关系的过程中，你的人生会渐渐丰富起来。

3 10,000日元的包包买10个，是你吗？

冲动消费是魔鬼。

“本来没计划要买却忍不住买了……”这种事在每一个人身上都发生过。

那些我为了解压而冲动买下的东西，几乎都是用了一段时间就弃用了。

只是当下买的这个行为让我觉得很满足，所以，这些衣服基本只穿1～2次，之后几乎都在衣柜里高高挂起。冲动消费的结果就是保鲜期很短，如果换算成每穿一次的价格的话，真的是极度浪费。

以前，因为觉得“10,000日元的话，也不贵啊”，所以不知不觉买了好几个10,000日元的包包，用了几次之后就闲置了。

因为柜子里已经实在装不下了，所以决定把10个包包卖到二手市场，并排放在走廊里。看着它们我忽然想，“如果这100,000日元用来买那个心心念念的包包，应该到现在还会很珍惜地留在身边吧”，然后长叹一口气。

也许保鲜期很长的东西，会一直爱惜的东西，不是那么简单就能得到的。可是，如果得到了的话，就应该好好保管用，心爱惜。

一时妥协买了不是自己发自内心喜欢的东西，从长远来看就只是白白花了100,000日元而已。如果养成了“不断地买不断地丢”的习惯的话，就会花钱如流水。

然后，等你遇到真正喜欢的东西，因为已经花了100,000日元，积蓄所剩无几，结果买不了了。

Point of This Lesson

“有也可，无也罢”的东西不要买。只有那些能让你经受考验也要得到的东西，才能真正地丰富你的人生。

---

4 外出购物要盛装

避免过度消费的促销作战大法。

购物呢，确实是一个非常快乐的消遣方式。对于曾经的我来说，购物是缓解压力的方式，几乎离不开。

而事实上，购物是需要非常大的决断力的。必须在分秒间对照自己衣柜的存货，判断是否适合日常穿着，性价比是否合理，适不适合自己，等等。

因为一般都是在休息日外出购物，所以你可能会不修边幅就出门。可是，素颜的时候试穿套装，经常会觉得“好像适合，又好像不适合，唉，不知道了”。

说到底，穿工作装时一般是不会素颜的，所以以在家里不修边幅的状态去试套装是判断不准的。还有，如果不根据现有的衣服去挑选新的搭配的话，很难判断是否适合自己现有的存货。

所以，除了选择素颜时会穿的休闲服以外，我的建议是出门购物前，化好妆，做好头发。

把自己打理好的话，不仅售货员对你的态度会改变，最重要的是你自己的心情也会大不一样。

购物是一场既费脑力又费脚力的战争，所以最好能让自己进入全力备战的精神状态。

最好在自己的身体状态调整好以后，不累的时候去购物。

特别是在大促销的时候，如果脑袋不能充分运转的话，可能会让你一再地蒙受损失。

后悔在大促销时乱买的经验很多人都有吧。我以前也经常出于“便宜了好多”的理由买了很多不用的东西，因此付出了高昂的学费。

可是，我的一个朋友，从来不在打折的时候买东西。她是人气很高的时尚达人，但她只买自己真正想要的东西。

为什么呢？因为真正受欢迎的商品、受欢迎的款式，是几乎不会留到打折促销的。所以，出于“价格很划算，买了吧”的心情的话，也许你觉得“也可以买”，但其实是“也可以不买”。

事实上，根本没有必要买一些“有也可以没有也可以”的东西堆在家里，把重要的储藏空间都占满了。

另外，促销的重头戏一般都在第一天，如果第一天去不了，那么我建议你就不要去了。

第二天开始商品就变少了，亮点商品也卖完了。可是你会有一种压力，觉得既然来了，就算不是那么合心意，也买一点什么吧。

那么，让我们来列举一下在促销时应该购买的三样东西吧：

之前就一直想要的东西。

以前因为太贵没买的东西。

袜子、内衣等消耗品。

另外，不能在促销时买的东西：

不是当季的商品。

——夏天买冬衣，冬天买夏衣是不明智的。因为明年的流行趋势和自己的喜好都会变化。

福袋。

——除了已知的福袋以外，其他的多半是不需要的东西。

不合尺寸的商品。

——就算你很喜欢这个款式，价格也很便宜，勉强买了以后还是穿不上的。养成了“只买自己真正想要的东西”的习惯后，慢慢就会清楚自己的喜好，分辨清楚重要的事，便有余力迎接生活的美好了。

东西一旦买到手以后，就会产生依恋的情绪，消耗管理的成本并且占用空间。所以要锻炼在买之前就能判断它是不是有这个价值的能力。

要记住，在促销时只买：

之前就一直想要的东西。

以前因为太贵没买的东西。

袜子、内衣等消耗品。

5 推荐你去名品店“试穿”的理由

要想买到性价比高的东西，先试一流的商品。

“请您试穿一下。”

就算只是来买包包的客人，我也会推荐她们试穿一下GUCCI的衣服。

当然也许乍一看，她们会觉得：“为什么这么普通的衬衫，这么贵？”但是，昂贵的衣服，自有其昂贵的理由。

真正一流的衣服，在你穿过手臂的一瞬间，衣服就像是被身体吸住一样。那是因为质量上等的衣服，融入了符合人体工学的剪裁技术。

这种感觉，如果不亲身试穿，是体验不到的。

然后，即使只试穿了一次，随着衣服贴近身体，你记住衣服对身体的那种支撑的感觉以后，就可以以此为基准去选择更便宜的衣服了。

作为GUCCI的售货员，第一次穿制服时，会惊觉自己的体态忽然变好看了。

仔细观察之后，发现那是因为外套的腰线部位提高了一点。另外，裤子也把膝盖的位置设计得高一些，显得腿更细，整体轮廓更长。

当我穿上制服的时候，第一次感受到质量好的衣服的作用。

从那以后，我就记住了这条裤子的形状和轮廓，在购买快速时尚品时，我也会选择同样轮廓的商品。知道了一流的衣服的轮廓和穿着感受之后，就会慢慢知道自己适合的东西。

比如我的话，在选择外套时，会偏向于选袖孔（袖子和身体部分的连接处，袖子通过的地方）稍紧的尺寸。

因为这样的尺寸从侧面看起来更加合体，上半身显得非常利落。

侧面的线条漂亮的话，可以帮你把肚子（腰线的部分）的脂肪隐藏起来两公斤左右。

试穿的时候，首先确认肩膀的位置是否合适，这得对着镜子从侧面和背面看。

一般人平时是看不到自己背面的，所以在店里的时候就要仔细地确认。诀窍就是看有没有皱纹，会不会太宽松，底下的长度是不是合适。

习惯抓住重点的地方去判断以后，“买”还是“不买”就可以在一分钟以内下决定了。

精于购物的人，擅长于寻找一般人觉得“看不出来为什么卖这个价格”的东西。我想大概是因为他们知道在名品店里一流的衣服的上身感觉、材质、轮廓和缝制的优良吧。

Point of This Lesson

所以，星期天下午把自己好好打扮一番，然后去名品店试穿吧。

---

6 去尝试最高端和最低端的

输入“一流的标准”。

我从前就很喜欢吃寿司，每周都要去附近的回转寿司店吃上几次。2,000日元左右就可以吃得很饱，对我来说是很幸福的时光。

可是有一次跟客人说起这件事时，她说：“你这么喜欢寿司的话，应该找个机会试试银座20,000日元的江户前寿司店。”当下我觉得“不用去那么贵的地方，我现在也觉得很好了”，可是慢慢就想“要不，就去试一次吧”。

这位客人跟我说：“你要去体验一件事情最高端的和

最低端的水平，这很有必要。”

如果一直只去对自己来说价格正合适的店，那么这家店就会成为你的标准，你体验不到别的东西。

可是如果体验过最好的和最次的，那么自然也会明白中间的。

知道了从上到下的区间之后，就可以更加确定地选择自己所追求的东西。

比如说，今天想请久别重逢的亲戚吃好吃的，那么去比较高级的江户前寿司吧。或者今天想节约一些，简单填饱肚子就好了，那就去最便宜的回转寿司吧。

怀着调查和体验的目的，咬咬牙自掏腰包去试试最贵的东西，也试试看最便宜的东西“到底便宜在哪里”吧。

如果不是因为客人跟我说“去试试江户前寿司吧”，我想我就算发愤图强了最多也只会去不回转的5,000日元的寿司店吧，因为我当时没办法理解为什么会是自己平时吃的价格的10倍。

可是，随着年龄的增长，我慢慢才理解，20,000日元的寿司，自有符合其价格的价值。

偶尔奢侈一下去吃5,000日元的不回转的寿司，其实和2,000日元的并没有很大的区别。可是，去吃20,000日元的寿司，就真的有很大的区别。

首先，周围坐的客人的层次完全不同。点单的方式、吃的时间点、和店主的对话，无不都是经过千锤百炼，十分考究的。

和去吃回转寿司时默默地吃转到你身边的寿司不同

的是，在那里，店主会推荐给你好吃的料理，而且他会根据你的喜好和心情调整手握寿司的力度，虽然只是吃饭，但在这些讲究的人身边，可以学到不少的东西。

虽然是同样的东西，但是客人层次不同就完全不同吧。

而我们可以从中体验到其价格以上的东西。

一流的店，氛围和礼仪，服务和款待，都散发着专业的光芒。

细节到位，食材的口感和触感，让人回味无穷。

定价很高的店，并不单纯是把客人的肚子给填满，而是致力于提升店内的氛围和服务，使客人在进餐的时候可以获得最大的愉悦和满足感。

虽然没有必要每次都去这样的餐厅，但与其去吃4

次5,000日元的寿司，我会选择忍耐3次，然后去吃1次20,000日元的寿司，因为这样的收获更多。

植入“一流的标准”，让自己变得更加善于选择吧。

Point of This Lesson

为了锻炼选择的能力，需要体验最高端和最低端水平的东西。

---

7 女人购物做除法，男人购物做乘法

下手购物之前，想象一下使用的“次数”和“场景”。

你买东西时，最重视的是什么呢？

“买便宜的，就算只便宜了1日元也好”“耐用的”“很喜欢的”，等等，让你下决心买的因素有很多。

我当售货员的时候，客人觉得30,000日元的鞋子“好可爱”“好想要”，可有时到最后的最后，觉得“还是太贵了呢”，又犹豫了。

这个时候，我就会给她分析这个除法。

“一周穿3次的话，一个月就是12次，每次2,500日元，穿一年的话，一次只需要200日元。”

然后，她们会说“原来如此，这么想还挺好的”，最后几乎都会买下来。

不管是多么好看的鞋子，如果一年只穿一次的话，最好还是不要买了。

可是如果一周可以穿三次的话，痛下决心买下之后，反而会发现它既好穿又耐用，性价比很高。

另外，根据我的经验，面对男客人，用“乘法谈话”，就算稍微超出预算，他们也多数会买。

比如说，推荐30,000日元的鞋子的时候，向他描述鞋子可以穿的具体场景，“上班可以穿，和孩子一起出门的时候也可以穿”。

另外，“这个品质会让部下觉得很高级，颜色和设计也会让孩子觉得您看起来更年轻”等，用乘法的方式满足他“希望受到尊敬”“希望看起来显得更年轻”的心理需求。

这个“乘法技巧”，在自己买东西的时候也可以用来参考。看到不错的东西，想象一下，在别人看来是什么样子的，另外，自己在日常生活的什么场景可以用上。

如果发现这个商品有几个叠加的作用，那么就不是消费而是投资了。如果只想到一个能应用的场合，跟想向人传递的形象也相去甚远的话，那么不管有多喜欢，也只能当作没缘分了。

买东西之前，思考一下：

“买了这个的话，这个季节可以穿多少次呢？”

“什么场合可以用？”

“会给人留下什么印象？”

检查这三点，只有合格的物品才能加入衣柜哦。

Point of This Lesson

性价比的判断标准在于一季可以用几次或者什么场合可以使用。

---

8 为什么我不穿高领

认清真正适合自己的是什么。

“咦？不合适了。”

忽然开始觉得以前的衣服不合适了，是刚迈入35岁的时候。

就算穿T恤和帆布鞋，也穿不出20岁出头时的清爽和休闲的感觉了。

带有廉价棉质饰边的罩衫看起来会很不上档次，总觉得穿起来显老。

以此为契机，我觉得需要开始培养自己作为一个成熟女性的品位，选择真正适合自己的东西。

“要从35岁开始努力发扬自己的长处，”有一位公司的女董事长说，“如果你的长处足够发亮，别人就看不到你的短处。”

我到20多岁都还没有成熟，只会不顾一切地拼命工作，也不知道自己擅长什么不擅长什么，就算是遇到自己觉得不擅长的事情，也是抱着干了再说的态度，结果发现自己也可以做得到。

可是，过了35岁，事情大概做一遍，就应该知道自己的强项和弱项了。

所以从现在开始，在自己的强项里继续深挖，探究和分辨出“需要继续磨炼的”和“做到现在的8分就够了”的两个部分。

这个道理也体现于外在方面。20多岁的时候偶尔会穿一些不着调的衣服，因为那是想要尝试不同风格的时期。结果导致想要更多，东西越堆越多。

可是，过了35岁以后，就慢慢开始掌握了什么东西适合自己，什么品牌和类型不适合。进入这个阶段以后，就开始积极地选择那些可以突显你长处的东西。

比起隐藏短处，突显长处可以让你看起来更出色。

举个例子，我从来不穿高领毛衣。

因为露出锁骨可以显得人更瘦，阔口的圆领或V领比起高领可以更显脸瘦。

还有，因为我的个子不高，所以我从来不选阔腿裤。

比起决定穿什么类型，决定不穿什么类型能帮助你更容易地选择物品。

不管是多么流行的商品，不适合自己的坚决不穿。

了解自己的人，才能形成自己的“风格”。

我自己拥有这种不被动摇的风格，是从35岁开始的“小品格”吧。

首先就要从“手”“脚”等经常被人夸赞的部分开始寻找。

Point of This Lesson

给自己定一个“规矩”，违背了这些的东西我都不选。

---

9 一直选黑色的话难度很高

简单着装比你想象的更难。

黑色几乎被定格为正式场合使用的颜色。

可可·香奈儿（Coco Chanel）和向田邦子的黑色的摩登装束，是女人们永远的憧憬。

黑色可以让人显得既典雅又出彩，是一个值得信赖的颜色。

可即使这样，还是会听到客人说："偶尔也想摆脱一下黑色。"

从毛衣到包包等，不管是什么单品，几乎都有黑色。

如果行头都备齐了黑色，就算忙到没有时间考虑搭配，也能穿出统一的感觉，再轻松不过了。

大概是出于这个原因，所以很多人就一直选黑色。

这里有一个背景。大概2014年开始流行以黑、白、灰统一风格的“Normcore”的时尚，备受瞩目。

这是“Normal（平常）+Hardcore（核心）=Normcore（极致的普通）”的意思，素色的T恤搭配牛仔裤等，将极为普通的单品穿出得体的纽约风格。

这种风潮据说是从名人将品牌服装穿搭出一种平凡自在而不失格调的现象开始火起来的。

想要彰显自己的个性的话，这个“Normcore”可以成为一种极致的时尚。

好莱坞明星和著名文化人等，有明显个性的人穿起来真的非常好看，可对于我们这样的凡夫俗子来说，要想穿得好看，得下一番功夫。

越简单的衣服，越突显它本身材质和裁剪的优劣，这就是我们不容易穿得好看的原因。

像史蒂夫·乔布斯（Steve Jobs），只穿黑色套头衫和牛仔裤之类的固定单品。（可是，听说这件黑色套头衫是在三宅一生定做的，而且为了这个特殊订单，他们当时出动了所有的技术人员，测量了他身体每一个部位，一点都不许马虎。）

如果这个人每天需要决策的事情堆积如山的话，那么对他来说每天选择穿什么、吃什么就成了一件浪费精力的事情。

这是一种非常禁欲的生活方式。

对于忙碌的职场女性来说，虽然不至于到像乔布斯的份上，但也需要在一定程度上固定搭配的样式。

可是，不管什么人，穿上美丽的衣服时快乐的心情是一样的。

我希望衣服和包包的选择，可以成为人生的乐趣和色彩，以及生活的希望。

以时尚为首，事物的“形”，是有改变人心情的能量的。举个例子，茶道首先从考究的外在形态开始，再慢慢地将与自然成为一体的哲学思想融入进来。

另外，“正襟危坐”正如字面意思“调整态度认真面对”，在上台之前将鞋子擦拭干净，将西装熨好，完成结果可以提高20%。这是很简单的事。

虽然黑色是非常简单的颜色，但因为也是丧礼用的颜色，所以会让人感觉沉重。

黑色可以用来表达信念和意志、自信和孤独，可是，用得太多的话容易产生心理上的压迫感。

所以，春天用粉彩色，夏天用海军蓝，秋天用大地色，冬天用生动的颜色等，享受季节的轮换，生活得丰富多彩一些，让每天都更加闪闪发光。

一般冬天深色系的衣服比较多，如果加一条粉色的围巾在脖子上，表情看起来都会更明媚。

如果你打开衣橱，发现深色系的衣服比较多的话，那么在挑选围巾、包包、装饰品等小物件时，可以尽可能多选择一些颜色鲜艳的。这样你的心情就会焕然一新，连人都变得轻快起来。

鲜艳的颜色会令人的心情变得更加明亮。

尤其是在你情绪低落的时候，用漂亮的颜色把自己包起来，变得更有正能量吧。

10 如何聪明地使用经典款和流行款

经典款可靠，流行款出彩。

这10年来，我接触到了上千位的新员工。

讨人喜欢的新人特征，从未变过。这便是“礼貌”“淳朴”“整洁”。

不管任何时代都不会改变，甚至可以说是经典款的特征了。

被大多数人长时间钟爱的经典款包包，也兼具这三个特征。

如果店员说“这是经典款”，就代表这款包可让人安心、信赖。

经典款的包包、套装和外套可以用于重要的会谈，和长辈或上司第一次见面的场合等。虽然也分不同的职业，但如果是在商务场合的话，让对方对自己产生信赖和安心感比什么都重要。

另外，就如同经典款的反义词一样，今年流行的单品，可以给对方留下你能够抓住潮流和充满活力的印象。

在一部电视剧里，主人公是一位职场女性，她有一次提着包走在青山路上时，时不时会有路过的女性瞟一眼她拿的包。

周围的目光，比平时更加炽热。

在繁华的街道里，因为有很多对时尚比较敏感的女性，所以，当你拿着一个新款的包走过就会引人注目。

虽然也会有点不好意思，但是一旦意识到自己“被别人关注着”，就会萌生想要“变得更美”的积极的情绪。

利用别人这种艳羡的眼神，不断地修炼自己吧！

流行单品，在容易被别人发觉“那个人跟大家有点不一样”的场合里，拥有突显一个人的神奇力量。几乎没有不愿意利用这种力量的人。

当你在工作上错误连连丧失信心时，何不尝试一下入手一个现在热门的流行单品，让自己转换一下心情呢？

但是，流行和经典不同，循环更新是很快的，最多两年左右它们就该下岗了。因此，如果你要找流行单品，我推荐你买快速时尚品。应时的东西在眼前排列开来，会让你变得开心。

快速时尚品之所以便宜，是因为做工比较粗糙或者面料比较便宜。所以，买的数量最好不要太多。

可以买的东西，有T恤和针织衫等内穿的衣物，鞋子、包包、披肩、腰带等时令小物和牛仔裤。尽情享受仅属于那个季节的快乐吧！

想知道现在流行什么，就去“Ron Herman”（洛杉矶的时尚买手店）之类的高人气的精品店去看看吧。

因为他们会把当季流行的东西陈列出来，你马上就会知道“是这个”。因为衣服倾向于一年比一年简单，所以包包等小物件更容易体现出区别。

想要充满元气的时候，想要焕然一新的时候，想要改变自己形象的时候，就摒弃经典款，改用流行款吧。

Point of This Lesson

如果觉得经典款太沉闷的时候就换成流行品吧。就像当季的食材对身体好一样，当季的单品能够帮助你调节心情。

11 一直看起来都像是穿着同样的衣服是很潮的

考究及个人风格。

十几岁、二十几岁的时候，为了知道流行趋势会去买时尚杂志，去购物都是早出晚归。但到了30岁以后就开始不跟风了。不管是多流行的东西也不会动心，因为知道“不适合”自己。

在能这么清晰地了解自己以前，也有过许多次选择衣服失败的经历，绕了一个大弯，付出了高昂的“学费”。

我想给你的建议是，向那些你觉得很棒的人或是比你年长的专业售货员寻求意见。避免绕弯路，尽早地知道什么适合你和什么不适合你。

最近网购很流行，可我个人认为看不到实物就买还是不放心。“尺寸不合”“颜色和想象的不同”等，网购会出现种种的问题。

比起事后还要去张罗退货退钱，到店里让专业的售货员给你最客观的建议，其实才是最快的。

还有一条很重要的是，同一件单品反复地穿，并不是对穿着不用心的表现，反而是一种考究的表现形式。

我20多岁的时候，因为“不希望被人觉得一直在穿同一件衣服”，所以买了很多很多的衣服。但其实我错了。

在跟进了几位客人以后，我发现她们几乎每年都会换着买固定的经典款。

有一位客人买的是山羊绒的黑色V领毛衣。

“这个V领的剪裁，开口的设计真是精妙。尺寸也非常合适，没有比它更好的选择了。”她说。然后一年里面无限循环地穿，因为山羊绒百分之百都会起球，所以她每年都会来买新的。她认准了这个，并形成了自己的风格。

事实上，剪裁和质地的好坏一眼就能看出来，所以越是简单的单品（商品），越能够区别好与次。

当我做售货员的时候，只要说起双排扣大衣就会想起个子很高的××小姐，说起白衬衫就会想起圆脸短发的××小姐，在我们看来，一些顾客喜欢的经典单品已经成了她们的代表。

功力深厚的客人，她们拥有可以察觉自己在别人眼中是何种形象的“客观第三眼”，并且一直在探寻和研究如何穿得让自己的长处更出彩的方法。拥有适合自己的经典款，就拥有不被潮流所左右的自己的风格。

选择能够突显自己形象的单品，也是重新审视自己的方式。也希望你能寻找到“属于自己的经典单品”。

Point of This Lesson

所谓考究，便是不断探索适合自己的经典单品。

12 在餐厅点菜的能力

了解自己的口味。

去餐厅吃饭的时候，你是套餐派，还是单点派呢？

套餐比较划算，也不需要自己选，多方便。

单点的话，不知道菜的味道和特性很难选，没有一定的饮食知识还不会组合。难度太高了。

有一次，一位前辈带我去一家客人定制餐厅。

所谓客人定制餐厅，是用小货车将本日推荐的食材送到店里。客人看了食材，自行决定要怎么料理。

我完全不知道该怎么点，只能傻傻地来回看看前辈的脸，看看食材。

前辈呢，一边说“请把这个做成炸猪排，夹芝士和火腿”，或“牡蛎请做成奶汁烤干酪烙菜”，一边也听取店家的意见，不断地在点菜。

而我只会说“一样的，谢谢”。

最后，我为自己并不太喜欢吃的东西，付出了高昂的费用。

那一次，我得到的经验是：自己喜欢吃的东西，要会自己点。

套餐是事先就定下来的，因为不用自己选并且一个个地决定，所以很轻松。可是，一直贪图轻松的话，自己的选择力就会变弱。一直用套餐敷衍自己的话，慢慢地，自己想要吃什么，怎么料理比较好，你就越来越不知道了。

举个例子，平时不吃芝士的人，到芝士专卖店不知道买哪个的时候，就应该问:“哪一个是推荐款呢？”“哪一款卖得最好呢？”自己不懂的东西，不要自己去选择。

因为相信“这是推荐的”“这个卖得很好”而买的，也有失败的经历。如果你足够了解自己的话，就不需要这些意见了。

能够自己点单的人，才是十分了解自己的人。不被别人的意见左右，坚决地讲出“我要这个”。

为了能够成为这样的人，你需要去见识、去体验不用的东西，不惜花时间花工夫研究自己到底喜欢什么，对自己来说最重要的是什么。

带我去客人定制餐厅的前辈，是一位好奇心非常旺盛的人，每次碰见她时，她都会跟我说她又新挑战了什么，是一个非常爱刺激的人。

那一瞬间我觉得，能够自己选择的人，为了可以得到更多的信息和经验，所以他们一直在行动。

Point of This Lesson

要成为有决断力的人，要从平常开始就一直保持好奇心。

Column

1

买套装就去品牌折扣店

也许是因为“前名牌店店长”的经验，在接受职业咨询时，我经常被问到“该穿什么”“该选什么”这样的问题。

在这里，我简单说一下工作中一定会穿的套装。

穿外套的时候，肩膀常常会僵硬酸痛，容易疲劳。

所谓“正式”，一定会有些“拘束”的，所以如果一直穿着正式的衣服，会让身体变得僵硬。

为了聪明地避开这种疲劳，平织布的材料，或者有弹性的夹克和套装，要跟平时穿的套装分开穿。

平织布的材料休闲感太强，跟会见重要客户时一本正经的风格是不同的。我推荐可以用于日常在公司内部穿着。然后，在正经的场合要穿正式的套装。

要确认是否为弹性面料，可以看衣服里面的标示牌。如果写着“聚氨酯弹性纤维”，那就说明这是具有可伸缩性的。

可是，这种聚氨酯弹性纤维会像橡胶一样劣化的，所以很遗憾，这种衣服基本只能穿一季。

我基本一年去1～2次奥特莱斯购物中心，买一些过时（上一季）的基本款的套装。因为是每天要穿的衣服，所以既重视价格也重视穿着的舒适感，而打折品牌闭着眼睛挑选都很放心。

在奥特莱斯的名品店里，还会有一些专门为奥特莱斯指定的商品，叫“奥特莱斯特别定制”。

为了迎合大部分人的需求，所以“特别定制”一般都是基本款。

同样是品牌的东西却只要半价，所以我都是认准特别定制的套装来买。你不妨也试试吧！

Column

2

快走的鞋子去ZARA买

不同于商务会谈、演讲和参加晚宴时穿的鞋子，如果是远距离出差的话，我会穿“冲刺鞋”。

比如需要快速上下楼梯、长距离走路的话，脚上的疲劳会影响全身的状态。脚的疲劳是人疲劳最大的原因之一。

穿的鞋子不同，这一天感受到的疲劳程度也不一样。

因为Sneaker（胶底鞋）太重，所以我会选轻便可折叠、方便携带的芭蕾鞋。

如果是去公司的话，我会穿这种“冲刺鞋”出门，然后在办公室里放一双高跟鞋，如果突然有客人来访也能应对。

说起芭蕾鞋的话，Repetto（丽派朵，法国顶级时装芭蕾鞋品牌）、Tory Burch（汤丽柏琦，源于经典美国运动时装风格的奢华时尚生活方式品牌）都很有名，但如果预算在10,000日元以下的话，我推荐ZARA，尤其是他家的流行款很可爱且深受欢迎。

我有一位朋友几乎不穿艳丽的鞋子，有一次我看见她穿的鞋子，问她："这是定做的吗？"才知道是ZARA的鞋子。

仔细观察才发现，美容院一些爱漂亮的职员，几乎都是穿ZARA的鞋子。

因为大都是橡胶底的没办法换，所以，基本上是把它作为短期消耗品来购买的。平时不会选的红或白，装饰了丝带或者是金色丝线的鞋子，也可以偶尔换个心情尝试一下。

工作结束后回家的路上，一换上芭蕾鞋整个人就轻松了，就算要提很多晚餐材料也不觉得重。

傍晚的时候，因为脚已经被束缚一天了，为了对它们好一点，最好选一双尺码稍大的鞋子。

材质最好是可以防雨的带塑模涂层的或者是漆皮的，

更加放心。（一定要提前喷上防水喷雾）。

另外，芭蕾舞鞋尽早更换橡胶鞋底，也可以达到减轻疲劳的效果。由于一些走路方法可能会使鞋跟左右两边的磨损速度不同而高低不平，也是造成疲劳的原因。认真地做鞋子的保养，随身携带可以换的鞋子，一步都不能偷懒。

Chapter

2

钱怎么花在刀刃上
——精选10件商品

聪明女人背小包
Wise Women Carry Small Handbags

聪明女人
背小包

Wise Women Carry
Small Handbags

1 为包包减负的方法

从决定放什么东西开始。

你的包包里，放了什么呢？

先别打开看，仔细想一想。

钱包、手机、手帕、纸巾、化妆包、电脑、笔记本……这些东西吧？

把你回想起来的，跟包包里实际装的东西对一下。

是不是包包里面装了很多刚刚没有想起来的东西？

如果不是特别擅长整理的话，应该会发现自己放了很多很多的东西自己却忘了。

其实能记得的东西就够了，可实现起来很困难。

为了缩小必需品的范围，我们来想想，如果换成小包的话需要装一些什么。

也许一开始选择会比较困难，所以我想教给你四个办法。

①养成回家以后清空所有东西的习惯。

首先需要你做的，是养成每天这样做的习惯。

把在街上拿的传单、糖的包装纸、已经处理好的文件、过期的优惠券、小票等都拿出来分别处理。

养成这个习惯以后，相当于不知不觉中给包包减负了，你会发现“今天这个东西又没用到呢”，等等。也就是说，你会渐渐地区分出真正必需的东西。

仅仅是这个小习惯，就能让包包轻不少，每天用不到一分钟，你就能渐渐感觉到这个变化会扩展到你的整个生活。

另一方面，如果你不断往包里塞东西的话，包包更容易变形，会更快报废。

所以这个习惯对延长包包的使用寿命很有帮助。

②出发前想一下："今天要做什么？"

搞清楚了这一天要做什么，也就搞清楚了要带什么。

也就是说，在准备要带的东西之前，先要掌握今天一天的行程。

举个例子，去旅行的时候，一般都会假想和考虑很多的情况，然后把很多东西塞到行李箱里。你会一边查一查当地的天气，想一想这趟旅行是和谁去，有什么目的，要做什么，然后一边选行李吧。

如果目的是去三星级餐厅享受奢侈美食的话，那就带高跟鞋和连衣裙。如果是户外活动的话，那就该装上帽子和防晒的东西。

为了能够实现“梦想中的旅行”的愿望而做最好的准备。旅行箱里填满的是对旅途的期待。

那么，为什么在面对日常随身物品时，我们常常不加考虑地就把所有东西都塞进去了呢?

旅行的一天，日常的一天，对我们来说都是同等重要的时间，所以我们只选择能让这一天充实的东西。

因此，要想象一下这一天和谁，去哪里，什么样的场景，什么样的天气。需要信息的话，手里的智能手机马上就可以查到，有心的话，不用5分钟就可以在脑海里把这一天的场景模拟一遍。

养成一早起来就问自己“今天要干什么”的习惯，就不需要担心“这个可能会需要，那个可能也需要”，就可以比较从容。

③留出一个“保留观察的时间”。

让包包变重的都是一些“为‘万一’准备”的东西。比如说，雨伞、披肩、外套、针线包、水杯、电子设备的充电器、药等。

当然这些东西需要用的时候没有也很麻烦，可是这些“万一东西”，使用频率真的有这么高吗？

实际上，几乎都不是的。

所以，不断地体会到“原来没有的话也没问题”以后，就要为包包减负，不要迟疑踏出你积极的第一步。

所以，我推荐你为这些“万一东西”留出一个“保留观察的时间”。

把包包里的东西分成用过的和没用过的，没用过的东西先坐一下冷板凳，在接下来的一周里，作为“保留观察的时间”在家里待命。

就这样，尝试一点点放手，很多人会发现，原来“不带的话也没关系”。

可是，因为这是在保留观察的时间里，如果你真的觉得需要的话，那这件东西对你来说就是必要的，那就让它重返队伍吧。就这么不断重复，你就会知道哪一些才是你真正需要随身携带的。

④不是塞而是“分”。

最近，随身带两个包的人非常多。

我看到很多女性把大手提包和迷你包，挎包和晚装包分用得非常好，她们为了不让自己看起来带了很多东西而费了一番功夫。

因为不可能总是带小包出门，所以我推荐这种“带两个”的方法。

小包只装最基本需要的东西，钱包、手机、口红、手帕、纸巾等。大包就可以装电脑、笔记本等体积大的东西。

举个例子，下班后出去吃晚餐的话，就把大件物品放在抽屉里或衣帽间，将一些东西留在办公室里，只带小包出去。

如果是无固定座位的自助餐的话，小包可以解放你的双手，让你可以优雅地拿餐具或是杯子。小包不仅可以保持仪态，还能让你轻快地走动，积极地去跟许多人攀谈。

坐着的时候，小包可以放在后背和凳子中间，如果中途需要去洗手间的话也会给人简洁干练的印象。

事实上，坚持这样给物品做分类，某一天你就会发现“今天换成了小包也完全没关系”。

然后，原本小包只是做副包，慢慢地你会增加带小包出门的次数。

通过给物品做分类，你会重新意识到什么是必要的，什么是不必要的。也许你会觉得分成两个包挺麻烦的，但确实是很有用的方法。

最后，教大家三个选包包的重点：

①选皮质好的（质量好的东西，会让人也看起来更上档次）。

②内侧有几个口袋的（方便整理，功能性强）。

③可以留空（以防塞得太满而变形）。

小包=你的人生里珍贵且有限的时间。

那么，做完以上尝试应该就能体会到，小包能够让你意识到什么是“你以为需要，其实不需要”的，然后看清什么是必要的和什么是不必要的。

从下一章节开始，话题就会延展开来，说一说包包以外的东西的选择方针。

人生有限的时间，就如同包包。什么都想拥有，但可能最后什么都得不到。

所以，明确地决定“在我有限的时间里我想珍惜的，只有这个”，这是与有价值之物保持长久关系的秘诀。

“少而精”即是，只用很少但最好的东西，然后一边用一边不断地保养和修复。所以说，一定是好的东西才有这个可能。

那么从下一篇开始，曾经作为售货员的我，要给各位介绍10件物品，而它们可以成为各位少而精的生活的种子。

Point of This Lesson　首先尝试一下，回到家之后把包包里的东西清空。

鞋子 2

脚下如磐石，人生如磐石。

有个俗语叫作“被看见脚下”（意思是被别人抓住弱点）或者“被绊脚”（意思是遭人暗算）。

这都是在告诉我们“脚下”的重要性。

不管是在工作上，还是日常生活中，“脚下”稳住了，人也就稳住了。

同样，我觉得，时尚也是“从‘脚下’开始”。

时髦的人是绝对不会在鞋子上偷工减料的。就算同样是简单的衣装，也可以从鞋子上穿出区别。鞋子是左右整体印象的重要部分。

有一个朋友说，有一天早上她不小心晚了10分钟起床。而这一天刚好有一个重要的发布会。她赶紧穿上了昨天就搭配好的衣服。

偏偏那一天的天气预报不准，下雨了。没办法，她只能在鞋柜里选了一双不怕弄湿的旧鞋穿上。来不及看整体的搭配效果就出门了。

结果发现，鞋子是不配的，整体看上去不太协调，发布会也做得一般般。

鞋面不够干净，或是鞋子磨脚却没有好好处理，不走心随便穿的鞋子，不仅留给对方的第一印象一般，连自己的情绪也会变得一般般。

为了避免这样的情况发生，可以按照当天的天气和场合优先选择鞋子，再选择适合的衣服。最好是提前一天查好天气预报、确定行程后想好鞋子和衣服的搭配。这样也顺便确认了第二天的计划，一石二鸟。

如果你留心注意的话，就会发现，一般自尊心强的人都会选择好的鞋子。

或者应该说，是好的鞋子选择自尊心强的人。GUCCI的包包很有名，但也有很多极漂亮的鞋子。

曾经有一位孕妇客人，她说："等孩子出生以后，我要跟TA手牵手穿着一样的马衔扣Loafer（乐福）鞋出门。"然后很开心地给宝宝买下了第一双鞋。

马衔扣Loafer鞋在鞋面装饰有类似马具的"马衔扣"金属装饰，分为男款、女款和儿童款。是GUCCI的代表作，长久以来一直被人们钟爱。

这也是我的第一双GUCCI的鞋子，当时花了60,000日元，它教会了我“与鞋子的相处之道”。

花了好多工资才买到这双鞋子的我，还在东急百货店买了一套保养鞋子的用具。

因为听说鞋子每天穿的话容易坏，所以我很注意地穿两天便让它休息一天，尽量让它保持好的状态。

我之所以会这么迷恋这双鞋子，是因为第一次穿就被它的舒适和合适给感动了。

当鞋拔子贴着脚踝，脚滑进鞋子的时候，就像脚底完全着陆了一般发出“嗖”的声音。这个声音就像在告诉你“我和你的脚非常合适”。

试穿之后才意识到，它带来的这种舒适感和合适感，正是一双鞋子被长久喜爱的原因。舒适的东西、合适的东西，人们是无法舍弃的。

好穿的鞋子，就算没有踩在地上的时候也能牢牢地包裹住你的脚，同时五个脚趾还能不受拘束地在鞋子里自由活动。这种轻快的感觉就像“穿鞋子比光脚更舒适”。

前进的动作是从脚上开始的。好穿的鞋子，可以让你的行动变得更轻快，成为你创造未来的原动力。

另外，除了这种“基本款”的鞋子，我强烈建议你要在橱柜里再准备一双浪漫的高跟鞋。

虽然有很多女性是“只要买东西就高兴”，但据说，在各种各样的东西里，不知道为什么在买鞋子的时候比买其他东西更能得到满足，也就是所谓的“购物脑”的状态。

比起像T恤、牛仔裤、休闲裤这种男性也能穿的单品，鞋子尤其是高跟鞋，给女性带来了更多的幸福感。

高跟鞋跟短裙和连衣裙一样，只有女性可以穿。虽然男性化的运动鞋也很时髦，但高跟鞋就是有让女人转换心情的能量。

举个例子，当一位平时可以自如掌控10厘米高的高跟鞋的女性换成运动鞋时，和一位一直穿运动鞋的女性相比，虽然第一眼看上去是一样的，但其实很不一样。

就算脚有点痛，但是偶尔穿一下高跟鞋，不管是服装搭配效果还是心情都会有大不同。

有一次，我收到了一位做家庭主妇的R子女士的邮件，她说："为了摆脱'妈妈'这个角色，重新找回作为'女性'的自己，我久违地穿上了高跟鞋。

"我把孩子托付给了妈妈以后出门了。听着高跟鞋发出的‘噔噔噔’的声音，感觉心情就像长出了翅膀那么轻快。”她发来的邮件里，充满了解放的幸福感。

“穿高跟鞋”就好像成了她从妈妈模式到女性模式切换的开关一样。

听了她这个事以后，我突然想起自己以前留意过一个客人的高跟鞋的高度。

这位女士在事业上取得了成功，为了增加自己的光芒和气势，一直不断追求高跟的鞋子。从前只穿5厘米的鞋子，后来变成了9厘米。好像她作为女性的自信，都寄托在高跟鞋的这对跟上似的。

有名的鞋子的品牌有好几个，被称为名品的高跟鞋甚至可称为艺术品，现在有很多这方面的收藏家。

有时，看着店里陈列的高跟鞋看得出神，就像魂魄都被吸去了一样。将这样的艺术品穿在身上，会有一种自己的价值也随之升高的感觉。

准备几双穿着舒适的“基本鞋”，一双用于特殊场合穿的高跟鞋，再有凉鞋或靴子等季节鞋。这些加起来一共五双，就可以根据每天的心情换着穿，不断地对鞋子进行保养和修复，它们可以陪你走过很长的时间。

最先应该投资的是合适好走的基本款鞋。根据穿的次数来判断应该投入的金额。

借助一双好的鞋子，脚下踩稳了的人，才能大步地向自由的未来迈进。

Point of This Lesson

行动力从脚下开始。难穿的鞋子会削减你前进的动力，而优秀的鞋子能支持你“再走一步”。

3 手表

为你铭刻重要的时间。

我曾经对衣服非常感兴趣，但对饰品几乎一点兴趣也没有。

因为金饰过于华丽，不适合休闲的风格，所以敬而远之；银饰又很容易变黑。白金和钻石价格太高了，总觉得是要等变成大人以后才买的东西。

可是，一位30多岁的客人说的一番话让我改变了这个观念。

这位客人虽然一直是T恤配牛仔裤，脚下穿平底便鞋的打扮，但总是搭配着高级又优雅的手表。手表就如同这位客人展示知性的象征。

我说：“您戴的手表总是特别好看。”她回答说：“因为手表铭刻着我人生重要的时刻，所以这一点上不能马虎。我希望让漂亮的时针来倒数我的人生。”

我的心为这番话颤动。手表不只是一个物品，而是为我们记录人生重要时刻的人生伙伴。

从那之后，我就开始注意VIP客人的手表。

有一位客人特别喜欢用旧式的需要手动上弦的手表。

手动上弦容易让人感觉不方便，但其实反过来这个过程能够让人感觉仿佛是自己创造了时间，反而能够衍生出对自己人生中时间的留恋。

潜水手表能够表现出干脆利落的积极性。表盘小且带子细的派对用款可以展现纤细且认真的生活方式。

另外，镶钻的手表表现出压倒性的力量，犹如一个可以依靠的同伴，可以给予你力量。

在人生各种各样的场合里，希望铭刻下什么样的时刻，你身上的手表会提醒你。

请一定要让美好的手表来铭刻你重要的时刻。而我也希望各位不要忘记，时间才是我们人生里无可取代、无比尊贵的东西。

Point of This Lesson

手表是人生的伙伴，它会让你记住时间的重要性。

---

4 短外套

包包和短外套的风格要统一。

你上班是不是基本都穿短外套？

就算不是，我想大部分人也应该在重要的场合见客户时会穿。

正式的短外套是向对方表示尊重的单品之一。

所以说，在商务场合穿短外套的话，不仅可以表示对对方的敬意，也可以提高对方对自己的期望值。你有没有发现，穿得体的短外套工作时，往往可以做出更好的工作成果。

所以在工作上的关键时刻，我建议你可以在外表上也下一些功夫。

作为对自己的期待值，可以比平时所买的价格再加上20,000日元。

这个追加的部分，按平常的感觉来说，是相当奢侈的。但是作为提高自己、在工作上给予自己支持的单品来说，我认为是可以投资的。只要拒绝几次惯常的聚会，就可以省出这部分费用了。

另外，价格比较高的东西，因为质量比较好，就算最后卖给二手回收店的话也有一些返利，所以，可以说从长远来看性价比很高。

加10,000日元的话只是一般的追加，加20,000日元的话，可能就会心疼了吧。但是伴随着“要做跟这件外套相称的工作”的决心，去买吧。

也就是说，如果你平时买10,000日元的短外套的话，那就买30,000日元的。如果平时买30,000日元的短外套的话，那就买50,000日元的。

在商务的场合上，穿上做工精良的外套能让人觉得很干练，再用开朗的表情和声音跟对方打招呼。

就这么简单地改变，会让你的情绪高昂，奇迹般地变成与短外套相配的自己。更进一步，你还会给客户留下靠谱的印象。

可是，要注意，如果外套的风格和包包的风格不搭的话，容易给人留下不协调的印象。偶尔，会看到有的人用很贵的牌子的包包，但是搭配的外套很随意，或者是穿着很漂亮的套装，却用着很不上档次的包包。

就算穿着好的外套，如果拿的包包不配的话，外套反而容易给人留下轻浮的印象。

反过来，就算外套和包包的总价不是太贵，但是格调统一整体和谐，也可以提升好感度。

大体而言，我建议包包的价格控制在外套价格的1.5倍以内。

举个例子，如果是10,000日元的外套，那么包包的价格则选择15,000日元左右的。太贵或者太便宜都不恰当。将外套和包包组合起来，好好考虑一下大概总共花多少的预算。

商务场合最需要把握的就是外套和包包，其次是鞋子。其他的单品就算便宜一点的也不会有影响。

另外，有一点我希望提醒你注意的是，“在电车里要把外套脱下”这个事情。

很多人会从早上出门就穿好外套去上班。

可是，如果夏天穿麻的外套去挤电车的话，下车时你会被自己身上皱皱巴巴的外套吓到。

难道你没有过这样的经历吗?

在挤满了人的电车里为了保护自己的包包，用手拼命地护住，以至于外套的肩膀和袖子的地方都挤皱了。包包的肩带和肩膀接触的地方褶皱最深。

麻料既清爽又好看，但是容易起皱，一旦皱了就不容易复原。

如果是在工作或者重要的场合穿的话，容易给人留下皱皱巴巴、无精打采的印象。

尤其夏天的时候容易出汗，所以我建议最好是在上下班高峰期挤电车之前，先把外套给脱下来。

我们来假设一个场景，你去医院看病，进到医生的门诊室里。如果是一位穿着皱皱巴巴的白大褂的医生问你：“你怎么了？”你也会怀疑：“这个医生靠谱吗？”

外套和白大褂一样，展示了你对工作的态度。

在衣柜里，经常备着这么一件好的外套。

这件“看家外套”，不知什么时候就会成为你坚实的小伙伴。

比如有客人突然来访，如果有备用外套的话，就能沉着地应对。

好的外套，拥有引导你的工作走向成功的力量。

所以，把这个力量存在你的衣柜里吧。

看家外套是能从背后支持你的、让你安心的小伙伴。

为了“以防万一”，把它藏在你的衣柜里吧。

5 名片夹

比名片更能代表你。

在工作上，交换名片时给人的印象很重要。客户首先所看到的是手指和名片夹。如果这两点不够整洁的话，第一印象就减分了。

反过来，如果手指和名片夹的细节处理到位的话，可以给对方传递一种“这个人很可靠”的印象。所以，名片夹在你觉得“还不用换吧”的时候就该换新的了，等到旧了再换就晚了。

检查名片夹要看边角，如果变白或者脏了就该换新的了。不管你有多喜欢这个名片夹，如果边角磨损了，都请不要再继续使用了。因为这么做会让“你自己”这个品牌的形象也受损。

举个例子，你第一次去客人的家里拜访。门一打开，玄关是脏乱的，你是什么感受？

在你更深入了解这个人之前，你的印象一定不会太好，也不可能会有太高的期待。所谓名片，把它比喻成家里布局的话，就是玄关、门面。因为这是对方第一眼看到的东西，所以让我们把它保持得美美的吧。

具体来说，用铝制的会被认为是特殊职业，所以不太适合。而且放在名片夹上的名片容易滑，有弄丢的危险。

皮质的比较容易取出和放入，方便交换名片。我推荐猪皮或压模那样表面有凹凸的，即使表面有划痕也不会太明显。

当然，名片夹重要，交换名片时的礼仪也很重要。

记住最重要的一点，名片就像对方的脸一样。要上半身前倾，双手接过。

都说财运是从钱包开始的，让事业运也从名片夹开始吧。

名片夹是展示自己的门面、向对方表达敬意的工具。

Point of This Lesson

一定要用心加以管理。

---

6 发卡

让背影看起来也很美好。

在办公室里，工作的时候大家一般都会把头发整理好。

不管是长头发还是短头发，用发卡整理起来都很方便。

对于女性来说，发卡应该是每天都必不可少的。

但是，一直令我不解的是，极少见到有人精心挑选发卡。虽然大家都买非常昂贵的饰品，但意外的是，在发卡上舍得下本的人很少。

可是，吃饭或者喝茶的时候，你进入对方视线的就是上半身，尤其是脸、头发和上半身的衣服。这三点会左右你留给他人的印象。脸部周围尤其会给人留下比较深的印象。

夹子状的廉价发卡，会让人联想到是家用的简易发卡。蕾丝或是丝带的又太可爱，显得不专业。

如果是优雅的装束，却搭配可爱的蕾丝发卡的话，会让人觉得不协调。

头发用的饰品，可能是因为自己看不到，所以容易成为盲点。

可是，如果不注意的话，可能会让人觉得“你好像有点不对劲”。

我的一位前辈非常擅长整理头发，她一直都用非常好看的发卡。因为她很喜欢巴黎，所以她喜欢用的发卡都是法国制的。

她有一个漂亮的山茶色发卡，是一个叫ALEXANDRE DE PARIS（亚历山大，简称ADP，全球最著名的发饰品牌）的品牌出品的。

还有，她说“来，开干吧”的时候，啪的一下掏出来把头发绑起来的，是LUDLOW（勒德洛）牌的手工皮筋。

因为我很喜欢这位前辈，所以也买了这个牌子的皮筋，把头发扎起来的时候好像感觉更自信了。

前辈教导我说，与其买便宜的东西需要经常换，还不如买结实的、可以长时间使用的皮筋（商品）性价比更高。我因此也转变了观念。

如果把发卡当作饰品中经常使用的一部分的话，就会感觉比较合理了。

从那以后，我才知道，因为所用发卡不同，头发可以瞬间变得很华丽。优质的发卡，不仅可以耐受长时间的使用，甚至可以增加发型的精美度，让你的背影变得更动人。

我想应该不会有人想错过这个最强小物吧。

这是长头发的女性必须检查的单品。如果你想添置提升工作形象的东西时，项链或是戒指之类的应该有很多，无须再买了，不如买一个自己喜欢的发卡吧，然后放在办公室的抽屉里备用。

发卡比你以为的更能左右人的印象。

Point of This Lesson

这个小物尤其推荐给喜欢打理头发的人。

7 圆珠笔

想要显得专业，就不要用100日元的圆珠笔。

有一次，我在咖啡馆跟人谈工作，坐在我对面第一次见的客户，从包里拿出一支很好看的圆珠笔的那个瞬间，就让我觉得可以跟他合作。

相反，有一次碰到一位客户用一支带有卡通人物的笔，我总觉得跟商务场合不搭，违和感很强烈。

我年轻的时候也对笔记工具不太上心，但有一次升职的时候，前辈送了一支CROSS（美国高仕，国际奢侈品品牌）的圆珠笔给我作为祝贺。

不仅书写的流畅度让我惊讶，它散发出来的银制品的美也让我感动不已。

前辈说：“要用和自己相配的笔记工具哦！”我当时瞬间就理解了。

我的工作不能让这支笔蒙羞，要加油了！然后情绪高涨得不行。

这支圆珠笔我很喜欢，一直用了10年，每次用的时候都会重回初心。

用好的工具，不仅可以让客户感到安心和值得信赖，也是对对方表示尊重。

最近，用智能手机记笔记的人越来越多，但是能够让你愉快地书写，将眼部疲劳降到最低的实体笔记工具，才是你坚实的伙伴。

Point of This Lesson

出彩的圆珠笔是有魔法的工作工具。为了给客户留下可靠的印象，要有效地利用哦。

8 丝绸

无论冬夏都能出彩的精品。

说起丝绸，过去在人们的印象里是高级的材料。

现如今，人们用很亲民的价格就能买到可水洗的丝绸了。

我第一次真切地感受到丝绸的力量是在登山的时候。

晚餐前一时兴起决定去登钻石头山，穿着丝绸的长袖衬衫和轻便的裤子。

我做好了会出很多汗的心理准备。

可是这只是我的臆想。丝绸呢，冬天穿能保温；因为透气性很好，所以夏天穿又很凉快。

棉质的呢，只要一出汗就会粘在身上，感觉很不舒服。但是天然100%的丝绸透汗性很好，可以一直保持干爽，让人觉得很舒服。

天然的丝绸，肌肤的触感很好，不管是登山中出汗，还是在山顶突然变冷，都可以应对自如，实在是不可多得的好材料。

因为丝绸的蛋白质跟人体皮肤的成分是一样的，所以跟人的皮肤很相配。吸湿性、保温性、透湿性都很好，所以睡衣和内衣也经常会用丝绸做材料。那件事之后我查过，丝绸甚至还有吸收紫外线的效果。

登山的时候很快就把汗排出去了，又帮我抵挡了夏威夷的强烈的紫外线，简直是不可多得的好东西。

茧是为了保护蚕（蚕蛾的幼虫）而存在的，所以用这种茧做的天然丝绸，可以保持适合的温度，而且它的结构也可以抵挡紫外线。

近些年，无束缚的材料很受欢迎。因为直接接触皮肤的东西也会关联到你的心。粗糙的东西、扎手的东西，好像就连心里都会被刺到一样。

反之，松软的、顺滑的东西穿在身上，接触皮肤，可以让整个人都很放松。举个例子，Gelato Pique（SNIDEL旗下的日本可爱少女风家居服品牌）的发热款增加了保暖性能，我觉得触感也非常好。

幸福的触感，是在这个充满压力的社会里求之不得的。

尤其是天冷的时候，大家都喜欢“温和”的吧。选择一个对皮肤和心都温和的材料，不管是对自己还是别人，都会变得更加温和吧。

尤其是现如今四季不分明，冷暖温差变得更大，如果穿天然100%的丝绸或是山羊绒的衣服，这一年你都可以很舒适地度过。

Point of This Lesson

天然的材料轻盈，体感舒适。值得在衣柜里一年四季都常备。

---

9 梳子

头发的秀美全靠梳子。

我在做饭的时候发现酱汁有很大的作用。

看起来很美味的菜，是因为用了很多酱汁，所以视觉上显得更美味。

黄色的煎鸡蛋卷浇上橘红色的番茄酱，法式黄油烤白鱼淋上鲜绿色的紫苏汁，颜色鲜艳的酱汁更能够突显食材，让酱汁跟食材形成鲜明的对比。

头发占了全身一大部分。第一眼人们看到的就是脸和头发，所以会留下比较深刻的印象。

有很多人很注意头发的养护，对洗发水、护发素和发油特别讲究。但是，头发的光泽跟梳子也有很大的关系。

有一种说法是，一头乌黑亮泽的漂亮头发是梳子造就的。

你有没有体验过，出差忘记带梳子，用完酒店的一次性梳子之后总感觉头发不顺滑的经历？

那也许是因为梳子质量不佳的原因。

精心地梳头，可以去除头皮的角质，并让血液循环更顺畅。而且，因为脸和头皮是连在一起的，所以脸色也会变得更好看。

曾经，一个有着一头漂亮头发的客人教过我梳头的方法。

她用一把叫Mason Pearson（英国伦敦的百年手工梳子品牌）的猪鬃梳子，早上和晚上洗头前各梳一次。

猪鬃不起静电，可以突显出头发的光泽。而且猪鬃比较硬，可以把洗头洗不出来的毛孔里的脏东西扒出来。

所以说梳头应该是在“洗头前”而不是“洗头后”。我过去从未在梳子上下过功夫，但听客人说她80多岁的母亲也很爱用，我于是也买了。

这位客人的母亲我见过一次，她一头美丽而有光泽的银发让人印象深刻。

我也希望自己到了80岁的时候，还能有一头这么美的银发，所以一直坚持用这把梳子。

头发的丰富是年轻的象征，我觉得跟心灵的丰富也是相通的。

如果因为工作一直焦躁不安的话，头皮是会变硬的。

表情会凝固，眉间也会皱起来。晚上，积滞了一天的疲劳，这时如果能特别用心地梳头的话，头皮会变柔和，表情上的疲劳也会慢慢消退。

如果头发发硬，身体发硬，人心发硬，就无法表现出人应有的光泽。

假如最近你总觉得有什么不对的话，那也许是因为你的光泽在渐渐消失。

为了让自己变得有光泽，从柔软头皮开始吧。柔软的头皮，连接着柔软的心。

Point of This Lesson

想要打造头发的光泽，梳子比护发素更管用。

10 化妆刷

廉价化妆品的妙手回春大法。

在开始做什么事情的时候，一旦准备好了新的工具，心情就会紧张激动吧。

喜欢滑雪的人在选衣服和滑板的时候会很开心，喜欢马拉松的人，也会对跑鞋很讲究。

反过来，如果工具不好的话就会破坏心情。

有一次我去海外出差，旅途中行李箱的轮子坏了，拖动不了。

恰好是在列车行驶的途中，离酒店还很远。一想到要抱着这个拖不动的行李箱走将近20公里，觉得自己简直走投无路了。

最后，实在看不过去的车站工作人员热心地帮我把它运到座位边上，到站后打了个车。虽说还算幸运，但是在旅途中一旦遇到这样的问题和窘境，就没办法好好享受旅途了。

工具虽小，但不可小觑。工具会影响动力和结果。

另外，当我还是售货员的时候，经历过这样的事。

有一位常客，某一天当她走进店里时，我忽然发觉她比以前更漂亮了。

哪里变了呢？仔细观察过后发现，她的妆容比以前好看了，两颊的腮红显得既明媚又动人。

我问："您换了化妆的方法吗？"她回答说："不是，

我换了化妆刷。”

那天刚好她带了这个腮红刷，便拿给我看，是一个用灰鼠毛制作的精品。试着摸一下，毛量非常多，在肌肤上的触感柔软到惊人的地步。跟我当时用的买化妆品送的刺拉拉的刷子完全不同。

在那之前，因为买眼影和腮红都会送小的刷子或棒子，所以一般自己不会特意去买化妆刷。因为附送的东西已经够用了，而且我觉得化妆刷是专业人士用的，对我这种没什么化妆技术的人来说用不上。

可是，一问客人才知道，她用的这个腮红刷在药妆店也有卖。

那个时候我才发现，“如果刷子好的话，就算不专业也能把妆化得很好”，反之，“就算技巧再好，刷子不好的话也很难化得漂亮”。

在那之前，我下血本买了名牌的眼影和腮红，却用不太好的刷子来涂抹在脸上。

可是，如果把钱攒下来买高级的化妆刷，就能让便宜的化妆品在脸上呈现出高级化妆品的效果。

化妆笔刷可以长期使用，比起消耗在化妆品上的支出，可以说是性价比很高的投入。

优秀的工具可以提高你的动力。

拥有一支好的化妆笔，就可以偶尔挑战一些便宜化妆品的新效果。如果看到镜子里化出来的效果很好，自己的心情也会一下子就明朗起来。

自从听了客人的话以后，我就变得很爱用“白凤堂”的化妆刷了。

因为它是保证我化妆效果的重要工具，所以每次用完后我都会用纸巾把粉擦掉，保存在较干燥的地方，定期用热水清洗，将刷毛理顺后风干。

用化妆品自带的刷子化妆的时候，用完就置之不理，几乎不会更换或者清洗。

可如果买了好的工具以后，就自然而然会有用心保养的心理。化妆包和化妆用品的清理也比以前频繁了。

一流的运动员对工具是非常讲究的。对专业的网球选手而言是网球拍，对专业的冲浪选手来说是冲浪板。我们不是这些方面的专业人员，所以对这些工具不会那么讲究，但如果“想变得更强”“想取得更好的结果”的话，也需要对工具进行投入。

这些道理不仅适用于化妆，也适用于一切事物。

举个例子，如果家里有一个好的特氟龙（一种材料，用这种材料制成的产品统称“不粘涂层”）加工的煎盘，那么即使买蔬果店里便宜的新鲜蔬菜，简单炒一下也很好吃。

反之，如果是用一炒菜就焦的旧煎盘的话，那么连炒菜的心思都没有了。然后不知不觉变成在超市买零食，在外面吃饭，结果餐饮费反而变高了。

好的工具，会促使你有“想做”的心情，让你“前进”。

Point of This Lesson

当你觉得“每天都化一样的妆，好腻”的时候，就该买新的化妆刷而不是化妆品。备齐了好的工具，能让你既省钱又提高水平。

---

11 大衣

若搭配得好，气质非凡。

变成大人以后，“大衣”这种东西，毫无疑问成了“最难的单品”。需要在他人面前脱下、穿上、寄放的，除了大衣无他。

人生里有无数场合需要注意大衣的穿脱和礼仪。

举个例子，去餐厅吃饭，或是去别人家拜访，都需要寄放大衣。

这时大衣的品牌和触感，店家和主人不经意间就会了解。

穿脱大衣时举止潇洒，动作一气呵成的人能一眼就看出来。以前我在接待买大衣的客人时，通过她们穿脱的动作，大概就能知道她们要找的级别。

习惯“让别人帮忙穿”的客人，手会像翅膀一般向后斜放下，保持不动，然后背面转向我，顺利地就能穿上。

不习惯的客人呢，手在穿过时会不断在找袖口，头和身体会左右晃动，穿得不顺利。

通过让别人帮忙穿大衣的熟练程度，就能知道这个人对待大衣的洗练程度。

在商务场合也讲究大衣的礼仪。去拜访时，在进门之前先把大衣脱了，然后再去前台是理所应当的礼节。

进入会议室后，应当把大衣折起归整后放在包上。

不仅大衣本身代表着个人的性格，连大衣的处理方法也是被他人所观察的一部分。

冬天的时候，就算针织衫或者打底衫的品类多样每天变换着穿，但因为经常都穿同一件大衣，所以会给人留下大衣的印象。

大衣是最外面的一件衣物，别人对大衣的印象，就成了对这个人的印象。

我推荐在常穿大衣的季节里，将购买其他单品的需求降到最低，买两件（工作用和个人用）品质优良的大衣。

大衣就像是你的分身。

为了提升自己，要尽量选择好的。同时也要学习大衣的处理方法和礼仪哦。

Point of This Lesson

穿大衣就像穿自己的分身一样。不妨练习一下大衣的打理方法。

Column

3

毛巾带来额外的满足

教会我对毛巾要有要求的，是一位我很尊敬的前辈。

有一次受邀去她家做客，看到她洗手间里的毛巾就像酒店一样齐整地叠放在架子上。

原来，一年三次，也就是四个月一次，她就会把所有的毛巾都换成新的。

前辈说："一条毛巾2,000日元，20条就是40,000日元。大概就是衣服或者鞋子少买两件或三件的价钱。因为每天都要用，换算下来一天是500日元。每天500日元就可以买到满足哦。"

确实，洗澡的时间是治愈一天疲劳的重要时间。价值观每个人都不同，但是注重洗澡时间的人真的很多。

为了保持高质量，高级酒店在选择毛巾和洗漱用品、床单和床垫、面包和食器时十分讲究。

这么看来，想要提高每天生活的满足度的话，线索应该就在这些单品上。

当情绪不太好想要变得更平和的时候，可以去毛巾专卖店取一条你觉得最好的毛巾，放在手上感受一下。

当你知道了它使用时的感觉后，再问自己，再降级一点的自己能觉得满足吗？还是想要保持在这个水准呢？以此来测试自己的满足度。

极品的触感，是眼睛看不到的，却直接跟幸福的感觉相连接。

Chapter

3

优雅与美感的修炼之法

聪明女人背小包

Wise Women Carry Small Handbags

1 如要优雅 请专心

养成每一个动作都用心的习惯。

商务礼仪上，行礼的方法应该是“先言后礼”。

也就是先把“请多指教”“谢谢”说完，再行礼的意思。

如果是一边行礼一边说“请多指教”的话，实际上就变成了向地板说话。

所以说，首先要看着对方的眼睛说话，说完再行礼。把语言和动作分开是最基本的要点。

可是，令人意外的是，有很多人都没有做到这一点。

慌张着急的时候，就会把寒暄快速地应付过去。

有一次我走累了，就进了一家小咖啡厅。

因为对那个地方不熟，所以见到咖啡厅就走进去了。坐下来才发现这家店比想象的还要老旧，所以心里不禁有点后悔，觉得自己挑错了。

这时一位老妇人从里面走出来，往杯子里倒了水，然后端过来，将杯子轻轻放在镶有蕾丝的杯垫上，一点声音也没有，轻轻地向我点了下头，又慢慢地走回里面。

就因为这一点，我喜欢上了这家店。

这位女性的举止缓慢又到位，就像过去在望族里的侍女一般赏心悦目。

银色的杯子被擦得锃亮，映入眼帘的是和夏天这个季节绝配的青色雕花玻璃。再仔细端详杯垫，发现竟然是用丝线细心地织起来的。

虽然这只是一家由老夫妇两个人经营的小店，但是因为这位举止优雅的老妇人，让我度过了远远超出一杯咖啡价格的优雅时光。

另一方面，如果动作不走心的话，也可能会给人留下失礼的印象。

举个例子，在办公室里后辈跟你说话的时候，你嘴上回着话，眼睛却还看着电脑。

边跟朋友说话边玩手机。

用一只手跟人交接东西。

也许你觉得只是一个动作没什么关系，但是如果这些积累起来，就会给人留下“这个人总是心神不定”“这个人总是应付了事”的印象。

举止优雅、得心应手的人，每一个动作都彬彬有礼，就算没有时间，也不会让焦急的情绪投射到表面。无论如何要集中精力于当下的事，仔细地做好每一件事。

仔细地去完成每一个动作，也就是珍惜这个时间、这个瞬间。

这也是好好地品味当下，用心生活的表现。

每个人都有自己自然而然的气场。

这样的气场会从你日常的生活方式中，不经意地散发出来，也许连自己都没意识到。

比如说平时有读书或学习习惯的人，在谈话的时候不经意就会流露出知识和教养。珍惜东西的人，自然而然就会用双手去接东西。

动作、情绪和时间都是，手瞬间停下，稍停片刻后放下杯子。确认杯子放好之后，再做下一个动作。

这种日常生活里的细致，是一点点积累起来的，我想所谓优雅也是这么来的。

Point of This Lesson

一旦意识到“啊，现在有点着急”的时候，吸一口气，动作放慢。情绪会慢慢平和下来，也可以请求别人的帮忙。

---

2 到70岁还坚持修脚

提高美的意识。

有一次在街头，偶然碰到了一位70多岁的女客人。

那是一个闷热的夏天。我一看她的脚，“啊”地惊叹了一下。

她穿着一双白色的凉鞋，露出涂着好看的深红色指甲油的脚趾。

我再看看自己的脚，脚指头像爪子一样从旧凉鞋里冒出来，一下子羞愧难当。

我一边恨不得把自己的脚指头藏起来，一边跟她说：

“您脚指甲的颜色真好看！”她回答说：“因为我会定期让美甲师上门给我做指甲。”

我更加惊讶了，“即使已经到了这个年纪，还是这么执着地追求美”。也许，这位客人到了人生最后的一个瞬间，都会一直涂着美丽的脚指甲吧。

想要保持对美的意识，需要不断地做好自身的保养。

房间不打扫的话会慢慢地变脏，车子长期不保养的话也开不了。

作为女性，也应该好好地保养自己。

不仅是自己，家和人际关系也是需要维护的。正因为如此，才能一直保持干净和顺畅。

不管到了什么年龄，干净和品格都不会失去。

有格调的人一目了然，富有魅力，讨人喜欢。

拥有美的意识，是到人生最后的瞬间都能保持丰富的秘诀。

Point of This Lesson

拥有让人心动的东西，不管什么时候都是美丽的。

---

3 任何时候穿着得体

连衣裙就是女人的正装。

你知道正装和休闲装的区别吗？

正装是在冠婚丧祭和工作场合穿的衣服，休闲装是和朋友外出，去附近买东西的时候穿的衣服。

正装呢，实际上是由“其他场合能不能穿”这一点决定的。

越是其他场合不能穿的衣服，正装程度就越高。

比如说，结婚仪式上穿的晚礼服与短袖和服等，就没有其他穿的机会，也不能上下分开搭配。所以它们的正装程度就很高。

另一方面，越是能轮换穿的单品休闲（随意）度就越高，牛仔裤和T恤就是休闲装的代表。

从这个观点来看的话，连衣裙就是实实在在的正装。为什么这么说呢？因为连衣裙不能上下分开搭配着穿。

可一说到连衣裙，很多人的第一印象是可爱，所以很多职业女性会敬而远之。

可事实上，比起衬衫、外套、短裙之类的这些可以分开重新搭配的套装，连衣裙的正装程度是更高的。

我们经常会在餐厅看到的情景是，一对情侣，男性穿着的是下班回来的套装，女性却是针织衫搭配牛仔裤的休闲装束。

这个时候，就算女生只是简单地把牛仔裤换成连衣裙，也可以跟男友的套装更好地搭配起来。

只要你出了门，就不知道会发生什么事情。

外出吃饭时偶然遇见了朋友，他说："我给你介绍一下吧。"然后介绍了一位极好的人给你。就当是为了这种时候做准备，所以一定要给自己选择恰当的衣服。

"如果我没有穿成这样就好了……"我想很多人一定有过这样后悔的经历吧。

还有，比如突然间决定去一些高级的地方，或者有碰到重要人物的可能性。如果这个时候因为衣服的原因，拒绝别人说："下次再找机会去吧。"你不会觉得遗憾吗？

像这样的机会，错过一次就不知道什么时候才会再遇上。而你很有可能因为衣着就错过了这次难得的机会。

在各种场合都穿正装，不仅是做好了迎接突如其来的机会的准备，另一方面，比对方的装束更正式也是一种礼仪。

Point of This Lesson

事实上我外出基本都是穿连衣裙。不仅省去了挑选衣服的麻烦，并且能让自己看起来充满女人味和时尚感，因此我非常推荐。

---

4 最常用的地方保持最整洁

手美的人做事也美。

很多看起来显年轻的女性，看手的话也许会吓一跳。

判断年纪在我之上或之下，比起看脸，看手会更准确。

我的朋友在40岁模特的选拔里被要求“让我看一下手”。面试官说：“手比脸更能反映真实情况。”

在工作上，手也是第一个映入对方眼帘的部位。所以你最好要知道，手是“比你以为的更经常被他人看到的身体部位”。

如果指甲上的指甲油已经开始脱落的话，那不如洗干净，保持指甲原本的样子更能给人留下好印象。

太过华丽的指甲颜色，也不适合工作的场合。

保养到位的双手，就像房子里的潮湿区，如厨房、浴室、卫生间一样，经常使用的地方也干净漂亮的话，让人更容易信赖。

餐饮店也是一样的吧。如果这家店的潮湿区也很干净的话，就会让人相信，“哇，这家店做的菜应该很好吃吧”，相信它就是专业的。

越是常用的地方，保持整洁便是保持品格。

我的客人里有一位是“手模”，也就是手的模特。

当然，她平时一直都是戴着手套，时常做一些手膜或者按摩，对待脸部也是一样精心保养。

而她所采取的那些办法几乎都不是我们能够效仿的，但是有一点可以，“在所有的房间里都放着手霜，勤用勤涂”，所以我开始尝试。

早上放在洗脸台上的是薄荷系清爽香型的，放在厨房的是无香料湿润型的，客厅放的是浓郁的玫瑰花香型的，卧室放的是舒缓的茉莉花香型，等等，不同地方变换质地和香味，一边享受一边使用。

化妆包里我也会随身放一支，在办公室每次洗完手都会涂，不仅是为了防止干燥，护手霜的香气也可以帮助我调节心情。

这位客人，不仅是手，头发和鞋子也都很漂亮。

我问她保养的秘诀，她说：“洗头的时候，我会在护发素里加一些摩洛哥坚果油。鞋子的话，每周末都会用鞋油擦一遍，然后放在阳台风干。”她有自己的一套保养方法。

让自己从头到脚的气、水、血都通畅。

Point of This Lesson　保持指甲的干净，勤涂护手霜。

---

5 光芒闪耀的人会保养好自己的两副皮囊

皮肤和包包决定一个人的印象。

当我刚开始做售货员的时候，有一位客人就跟我说“若要给人留下好印象，两副皮囊很重要”。

那就是皮肤和包包。

不管是用多么华丽的衣服来装裹自己，如果这两副皮囊的状态不好，也不能给人留下好的印象。

反之，如果保持好这两副皮囊，便可以保持自己作为女性的品格，拥有自信。

确实，皮肤反映了内心的状态。

缺乏自信的时候，身心无法取得平衡，饮食和激素的平衡被打乱，皮肤就会越来越粗糙。

皮肤是心灵的镜子。让这面镜子闪闪发光是自信的源泉。

当你的皮肤黯淡无光，你是无法直面镜子中的自己的。

可是，当你情绪低沉但皮肤仍能保持良好状态的时候，只要看看镜子，就有继续前进的动力。

皮肤好的女生，干净，有礼貌，让人觉得很舒服。

只要你用心地保养，皮肤就会给你积极的回应。

泡过澡后，用乳霜或是精油涂抹全身，按摩直至营养渗入肌肤里，只要坚持这么做皮肤就会改变。

日文中有一个词叫“手当”，就是说，肌肤能够感受到手的温度和能量，并且回应你。

尤其脸上的肌肤对刺激的耐受程度很低，容易出现过敏，如果你用心保养，不需要换护肤品，它也会慢慢地焕发光泽。

对皮肤的自信，可以让低头的你抬起头来。

另外，就算你精心于衣服的搭配，如果包包皱皱巴巴的话，整体的印象分就会下降。所以，我暂且不管衣服，决定先买一个好的包包。

当我还在迷茫选哪一个的时候，看到了一个皮质柔软又好看的包包。

这个包，是用出生六个月的小牛的皮做的。

跟人一样，小孩的皮肤总是比大人更加柔软细腻，比起成年牛皮，小牛皮的手感更加光滑。

我买了这个包以后，就跟保养自己的皮肤一样保养它。

我时不时用手抚摸它，简直就像自己皮肤的一部分一样，用专用的油膏涂抹后色泽更好看了，不知道为什么竟然有一种自豪的感觉。

步入社会以后，升级包包这张皮是对工作的尊重，是让你在职场中变得更专业的一种决心。

另外，拥有最好的东西，也会让你产生动力希望去做与之相配的工作。

渐渐自信就会涌现，就算是面对以前会怯场的工作，也能积极地采取行动。

至今，我每天早上都会检查包包是不是用旧了，皮肤的保养有没有做到位。

如果这两张皮都容光焕发，自己的心情就会很好。就算是在匆忙的早上，也能从容应对，昂首挺胸阔步前进。

想要获得自信，就从保持这两副皮囊的良好状态开始吧。

Point of This Lesson

提高20%的自信，从保养这两副皮囊开始。

6 上美发店不是消费而是投资

头发决定了你的轮廓。

每天早上都是匆匆忙忙的，经常会后悔“如果再早10分钟起床就好了”。

我总是简单地把头发束起来，然后就慌慌张张就出门了。有一位发型保持得总像是刚从美发店出来的50岁的客人教我说：“早上，如果时间不够的话，比起化妆，更重要的是优先吹头发。”

她的头发总是非常得体好看，更好地衬托出她和蔼的笑颜。

决定人的第一印象，“是整体，而不是细节”。

就像画一样，同一幅画，画框不同就会给人留下不同的印象。头发就像是“你”这幅画的画框。只是换一个发型，整个人的形象就可以有很大的改变。这位客人说，遇到好的美发师，就像遇到好的医生一样。向他们高超的手艺付的钱，是对专业的尊重，也是对自己的投资。

她说，头发是身体的一部分，稍稍超出预算去一个好的美发店，让一流的美发师帮你做头发，就像是让一流的医生帮你做诊断一样。

都说花钱分为三种类型。

“消费”“浪费”和“投资”。

在那以前，我觉得去美发店是一种“消费”。但既然头发是“我”的画框的话，那去美发店做头发就应该当作一种提升自己形象的投资了。

一幅好的画，需要一个好的画框来衬托。就算是一幅无名的画，换一个好的画框就能改变整体的印象，变得更动人。

你节衣缩食做的投资，一定会有回报的。选择一个你信任的美发师，把自己的头发交给他，做一个好看的发型，给别人留一个更完美的印象，可以让你比现在更加自信。

Point of This Lesson

发型代表了整体的印象。如果没有时间打理细节的话，那就从打理头发开始。

7 健美的腓肠肌是行动力之源

脚的力量就是生命的力量。

向我咨询的客人中，因自信不足而苦恼的人不在少数。

根据一个调查结果显示，日本人和周边其他亚洲国家及欧美国家的人相比，回答“对自己有自信”的比例极低。

在我们的国民性里，谦逊被当作美德。不管多么有能力都觉得“自己还远远不足”。

可是，这个美德的另一方面，是不管你多么努力都无法对自己产生认同感，有很多人也因此苦恼。

这种时候，我都会向他们说："试一下肌肉锻炼吧。"

工作和恋爱都并不是你努力就一定会变得更好。有的时候不管你多么努力，都得不到自己想要的结果。

可是，肌肉锻炼的话，只要你用正确的方法不断地坚持，只要坚持就会有成果，只要努力就会有回报。

所以，对那些在生活里的很多方面付出了努力，却没有得到回报的人，我会推荐他们去做肌肉锻炼。

在踏踏实实的坚持之中，肌肉会更加紧绷，因而人会显得更苗条，体力尤其是脚力增强以后，会变得更加自信。

那些有行动力的客人，穿着高跟鞋走起路来英姿飒爽。

站姿和背影看起来都很好看的原因是腿上的腓肠肌很紧致。

想要不管多少岁都能英姿飒爽地穿高跟鞋，紧致的小腿是不可或缺的。

并不只是这样，如果这一天工作一直站着，脚一累的话，全身的疲劳就会排山倒海地来吧？长时间走路或者是鞋子不合脚带来的疲劳也很难消除。

容易产生疲劳的原因在于脚。反过来，不管到了什么年龄，如果脚力锻炼得好的话，体力也能相应得到增强。

血液是从心脏输送至全身的，脚上的肌肉具有将血液再送回心脏的作用。也就是说，如果脚力很强的话，全身的血液循环更顺畅，脚力弱的话，全身的血液循环也会变差。

我的健身教练说，脚的力量就是生命的力量。

如果要列举高跟鞋穿得最出彩的女士的话，还要数时尚设计师岛田顺子女士和演员美津子小姐。

她们让我们感受到了充满行动力的力量。

2011年3月11日，很多人在日本大地震中丧生了。

那一天，我因公去广岛出差，准备回去时，在去机场的路上听到羽田机场关闭的消息。而我有一个亲戚就住在气仙沼（日本本州东北部渔港）。

虽然不知道是否安全，我折回了市区，只能在酒店看电视上的新闻。

看到巨大的海浪扑向我所熟悉的气仙沼的海岸，吞没房子的画面后，我全身发冷，眼泪止都止不住。

我夙夜未眠直到早上，一直在想，如果当时自己也在那里怎么办?

我一直在问自己，我能不能跑赢海浪，从亲戚的房子逃到那个高台上。

但是，就算是再优秀的运动员，在自然的威力面前也无能为力吧。

但是，正因为发生了这样的灾害，才沉痛地领悟到“自己是多么弱小的人类”。所以才更希望自己把体力锻炼好，可以对应各种各样的状况，拉着已经跑不动了的亲戚的手，一起逃向高台。

我之所以建议大家锻炼腿部肌肉，虽然部分原因是希望大家可以美美地穿上鞋子，但并不只是这样。

我也希望你们通过持续的锻炼和努力，能拥有坚定地活下去的信念，在发生不测的时候，你能够拉起谁的手一起逃离。

在我没有自信的时候，在我不相信自己的时候，梦到过好几次因为自己跑不到那个高台而被波涛吞没了。

这个时候，我的瑜伽老师是这么跟我说的：

“让我们锻炼好自己的体力吧，等到灾害来的时候，你就有力气跑到那个高台了。然后如果可以的话，伸出你的手拉一把那些跑不动的人。”

所以我在想，说不定这是经历过那场灾害的我们共通的想法。

保持自己的脚力，就是为了在万一的时候，自己有余力帮助其他人。

这是一种比锻炼更能增强自信的办法。

Point of This Lesson

如果想尽快地找到信心的话，就锻炼你的脚吧。当你有余力帮助其他人的时候，你才真正地成为一个完整的人。

8 两条胳膊就是第二张脸

它们会如实地反映你的生活。

我的大多数名媛客人，在冬天里也穿无袖的衣服。

你可能会觉得，那该有多冷啊！当然只是在暖和的室内时才是无袖的装束，比如吃饭的时候。

衣服材料一般是马海毛等保暖性好的料子，冬天穿也非常暖和。

冬衣的料子一般会显得臃肿，但如果把胳膊露出来的话，整体感觉会更清爽而且显瘦。

这两条胳膊就像在说："我的生活是这样的。"它们也会流露出你平常的生活的样子，你是藏不住的。

两条胳膊给对方留下的印象，就像脸一样强烈。

我把两条胳膊称作第二张脸。

进餐或是开会的时候几乎都是坐着说话的，所以上半身会左右你带给别人的印象。

那些名媛客人，她们胳膊上的肉一般都非常紧致，也传递出她们的生活方式及意志力。

我曾经因为工作压力持续了一段时间的暴饮暴食后，突然有一天想外出透透气，于是选了一件心爱的白色丝绸无袖连衣裙穿上。

妆容很好，发型也没问题，鞋子和包包也是绝配。

可是，一站到镜子前面，我整个人都惊呆了。

两条松垮的胳膊，将这段时间以来放纵的生活展露无遗。

镜子里照出来的，是我将自己无法应对的工作压力转移到无节制的吃喝上，昏沉沉地过了一天又一天的生活写照，真是不堪入目的两条胳膊。

我因此深受打击决定不出门了，马上打电话给健身房申请入会。那时我想起了那些名媛客人美丽而富有魅力的两条胳膊。

我那时才意识到，要对自己的身体负责。

歌手演员双栖的夏木玛丽小姐在接受采访时说："我想在人生的最后，还给上帝一个美丽的身体。"

"不知何时，我就要还回去的"，只要这么想，精神就不会松懈。而现在的我们，比起年轻时，已经更接近那个"不知何时"了。

脸、身体，随着年龄渐长，都变成了自己的责任。

我认为所谓气场，就是这个人所拥有的能量值。所以要积攒很多的能量，终有一天，要将这一对胳膊还给上天。

Point of This Lesson　这一对胳膊，就是你生活的缩影。

9 为何年轻的巴黎姑娘不用香奈儿

时间才是终极的时尚。

香奈儿是所有女性憧憬的品牌之一。每次经过橱窗的时候，我都会忍不住驻足。

它兼具了可爱与优雅，将轻便和精巧完美地结合在一起，我想这大概就是巴黎女性的世界观吧。

曾经，我在巴黎遇到了一位将香奈儿穿得非常出彩的80多岁的高龄女士。

她穿着粉红色的粗花呢夹克，搭配黑色的紧身裙，手提着菱格纹的链条包，脚上穿的是芭蕾舞鞋，用山茶花色的发卡将头发束起。少女式的芭蕾舞鞋，将她因上了年纪而干枯的双脚衬托得格外优雅。

因为她实在穿得太好看了，让我也忍不住到香奈儿的店，去试那件粗花呢夹克。

可是，看到镜子里的自己时很失望，一点都不适合我。

我当时才30多岁，还不到穿香奈儿的年纪，因此显得非常不般配，看起来就像“被衣服架起来了”一样。

我再回想那位女士的身姿，她那被夹克包裹着的满是皱纹的头、锁骨和手，无比优雅。我这才意识到，不是充满胶原蛋白吹弹可破的皮肤，而是能让你感受到岁月洗礼的皮肤和骨骼，才能在香奈儿的夹克的包裹下显得更富有魅力。

刻在脸上的笑纹，是那些你所度过的美好生活的勋章。凹陷的双颊和瘦骨嶙峋的双手，见证了一个人经历和克服过人生种种的宝贵历史。

香奈儿正是将这些女性的生活的集大成精美地装饰起来的品牌。

一位客人在她60岁生日时收到儿子送给她的香奈儿夹克做礼物的照片，至今还常常浮现在我眼前。

她作为实业家的妻子，永远充满精力并热心于参加公益事业，被孙子和儿女们所围绕，充满了自信的光芒。

那是一种代表着人生至今为止的充实和正能量的红色。

她的生活态度，积累至今的努力和经历，还有强大的气场，让她具备了穿这身衣服的资格。

所以，这不是付得起高价钱就能穿得上的衣服。而是将生活一路走来的集大成，累积起来的珍贵时间，也一起穿在了身上。

而这才是这些步入老年的女士，终极的时尚。

尽管这种气场是眼睛看不到的，但正是这些眼睛看不到的修炼才是最终的目标。活得漂亮的人，才能穿得起与之相配的衣服。为了像这些女士一样拥有终极的时尚，我每天不断地努力。

Point of This Lesson

提升了灵魂的层次以后，渐长的年龄会化成优雅。

---

10 未来会为你创造真正的心仪之物

选择给你带来希望的包包。

以前，听一位客人说："就算现在在巴黎预约Birkin包（爱马仕的一款手袋），也要10年以后才能拿到。"我非常惊讶。

要10年以后才能拿到，作为一件普通的商品来说，花的时间未免太长了吧。（现在好像已经不接受预约了。）

可是这位客人说："10年以后我再去巴黎取货。"然后开心地笑了。

那个时候我才三十出头，在我眼里，这位因为等待

10年的包而充满希望的客人非常优雅。

说起来，要到巴黎才能预约的话，就不是出钱就能买到的包包。她说不定为了这个包下了很多功夫。

包包本身也有其价值所在，在拿到包包时，它也代表了你是熟悉Birkin的人，这才是其意义所在。

这位客人，在10年后终于拿到Birkin包时，一定会觉得这个包包里填满了从她预约到她拿到手的这10年里满满的回忆吧。

也正是因为这位客人，才让我也开始想象10年以后的自己。我希望，“等自己到了40岁的时候，也能成为配得起这个令人向往的包包的女性”。10年后配得起这个包包的自己，会过着怎么样的生活呢?

会在什么地方，跟什么人一起，为了什么而活着呢?

当时，因为想要成为有资格拿Birkin包的人的念头，让我决定用自己的双手去创造未来，勇敢前进。

未来的自己，会穿着什么样的衣服和鞋子，和什么同伴，出入于什么场所呢？我又该怎么做？

就这么细细地分析和想象，为了成为配得起憧憬之物的自己，一点点地付诸具体的行动。配得起这个包包的自己，配得起这身衣服的自己，住得起这个房子的自己，为了成为这样的自己，要如何思考，跟什么人交往，如何行动，要积累什么经验……想象的力量是无比巨大的。人的行动，是从想象开始的。

对我来说，Birkin不仅是一个很贵的包包，也是我开始思考自己梦想的契机和实现的标志。为了成为买得起Birkin那个层次的人，这也象征了一颗渴望成长的心。

而实际上能不能拿到这个包，其实并不重要了。

对我来说是Birkin，但其实是什么都可以。

虽然现在的自己还够不着，但是你希望未来陪伴在成功的自己身边的是什么，你要去寻找。找到以后，就朝着它一步一步踏踏实实地向未来迈进。

真正好的东西里，存在着支撑你梦想的力量。

你憧憬的东西是什么呢？

Point of This Lesson

请你想象一下自己的未来，并找到你终其一生都要追求的东西。

Column

4

化妆包要一年一换

在办公室吃完午饭补妆的时候，经常会看到“气质跟本人不合的化妆包”。比如外表是流行现代风格的前辈，却用很可爱的化妆包，所以我猜想说不定她内心其实非常少女呢。

我有一位被称作“理科女”的朋友经常说：“装化妆品用保鲜袋就可以了啊！”这也充分表明了她重视效率的性格。

化妆可以让一个人从素颜变身，而装这些私人物品的化妆包，大概也隐约可见这个人平时的生活状态。

还有，化妆包的使用频率很高，所以很容易用坏或者弄脏。

不管是用多么高级的名牌化妆包，每天用是一定会变旧的，眼影和粉底也会弄脏它。

所以化妆包就应该要常常更换，而且要买防污力强的。

因为我最重视的是化妆包的清洁问题，所以我不会买名牌的产品，而是买一些看起来好用自己又喜欢的设计，每一年换一个。

化妆包弄脏以后牌子的标签就会模糊，所以你可以以此来判断需不需要换。

如果坚持用名牌的东西的话，很可能就会因为“太贵了不舍得丢”，就算弄脏了还是一直用。

一年其实过得非常快，早早地换掉，就可以一直保持干净。

因为化妆包很容易弄脏，所以记得一定要坚持清洁和更换哦。

另外，因为它比包包和钱包的保质期短，所以选择的时候要更注重性价比。

Chapter

4

用小包的生活方式

聪明女人

背小包

Wise Women Carry
Small Handbags

1

“小包”象征着你有限而珍贵的人生

能装进包里的东西=你有限的人生里能承载的东西。

“女人呢，总是倾向于过早地担心那些还没发生的事情，因犹豫而失去积极性。”

说这句话的，是Facebook的首席运营官Sheryl Sandberg（雪莉·桑德伯格）女士。

这在心理学上有一个专有名词，叫“回避成功”。也就是通常所说的心理障碍。

从2015年日本制定了《女性活跃推进法》以后，越来越多的企业邀请我去做女性领导力的培训。

可是，我听到很多女性领导候选人这么说："我忍不住想——为什么我会是领导呢？"虽然因为能力被公司认可而受提拔，但她们的自我评价还是太低了。

"变成领导以后，如果工作成果没有提升的话，该怎么办？"

"工作上的责任变重以后，没有办法很好地兼顾家庭的话，该怎么办？"

"如果因此疏忽了孩子的教育，后悔了该怎么办？"

等等。

为了这些还未发生的事情过于忧心忡忡而踟蹰不前。这样的心理，在包包上也表现出来了。

因为有很多担心，所以会准备这准备那，导致包包越来越大。这些代表着不安的东西堆积在一起的沉重耗费了你的体力，让你失去了向前冲的积极性。

这不仅限于随身的物品，有限的能量和时间的使用方法也是一样的。比如应接不暇拒绝不了的聚会，比如因为惰性而不断重复的一些习惯。这些东西占用了你有限的一天里的绝大部分时间，不就压缩了处理重要事情的时间了吗？

今年年初，我跟一些女创业家朋友一起做了一年的计划。

有一位女董事长说：“今年我只做能让自己的灵魂有共鸣的工作。”虽然现在自己很难做到这样，但我希望自己也可以这么活着。

这也代表了“在小包（即自己有限的人生）里，只放入真正重要的东西”的决心。

到了我这个年龄，就算已经到了管理层的阶段，还是容易不小心就允诺了工作，本来应该让别人去做的工作，常常自己包揽了下来。

为了能够在自己应做的重要的事上投入更多的精力，首先要理清楚工作的条理。

在做中坚员工培训时我告诉他们的是，首先将以下两种工作区分开来：

只有自己能做的工作

别人也可以做的工作

通过这样的处理，养成在每件工作上问自己“这真的是我非做不可的吗”的习惯，慢慢地增加“这些部分就让下属或者是后辈来做吧”，渐渐地就能很好地放手让其他人去做了。将你正在做的部分教给你的后辈，这不仅关系到新人的培养，而且比起一个人承担所有的工作，这样的做法更能提高整体的效率。这是花10分钟就能做的事情，你一定要试试看。

我觉得随着年龄的增长，自己要做的就只是“判断事情”。

我从学习了这个方法的人们那里收到了很多的反馈，比如“我得做饭了”或者“今天该采购了”等等，不仅是在工作上，他们也渐渐清楚了在家里该怎么做。

有很多人正是因为没有分清“别人也可以做的工作”而让自己过于操劳。

为了能够兼顾工作和家庭，更灵活地应对，所以才不应该用“非我做不可”来压迫自己。

至今我见到的那么多人当中，容易不知什么时候突然就泄气的，多是认真又努力、做事富有责任感、几乎不会说不、周围的人对他们评价很高的人。可是，如果能够聪明地请人帮忙，更多地发挥自己的专长，他们能够获得更大的成功。

你可能会有“自己要做得完美，不能依靠别人”的心理。

可是，如果能够只集中于你本来应该做的事，提高只有你才能做的事情的精度，就能不断地磨炼你的专长。

不太重要的事情尽量跳过，专注于自己擅长的领域，打造出任何人都模仿不了的技能，让它成为你的武器。只有拥有这样的武器，才能让你的人生加速。

可是，遗憾的是，我们身边总是被各种各样的琐事围绕。

举个例子，因为看到书堆积在桌子上而焦躁得不得不花一天时间去整理，本来要准备下周迫在眉睫的比赛，最后只能敷衍了事。

你也有过这样类似的经历吧？

不管是在工作上还是家务上，很多时候我们会在“没必要花这么多时间的事情”上也全力以赴，到了要处理重要的事情的时候，大部分能量已经没有了。让人生变得充实的，比起数量更重要的是质量。不在于你做了多少事，而在于你创造了多少价值。

要想这么做，首先你得做到以下两点：

确定不做的事情（停止那些不好也不坏的事情）；

确定自己真正想做，应该做的事情（提高人生质量）。

自己真正想做的事情，其实不会马上知道。在不断地判断和省去“这个不做也没有关系”的事情以后，你慢慢就会看清，“原来我一直向往的是这个”。

所以，当你觉得“我一个人做不了”的时候，看一看你的周围吧。

一定有人可以做得到。找到这个人，拿出你的勇气，去请他来帮助你。如果你的两只手一直背在身后的话，就算想要的东西出现在你的眼前你也抓不住。不仅如此，有时因为你手里已经放了太多东西，所以看不到“到底什么是真正必要”的。为了能得到真正想要的东西，将你的一只手空出来吧。

Point of This Lesson

选择放入包包的东西就相当于选择自己的行动。要认清对你来说真正重要的东西，好好检查一下自己包包里面的随身物品，区分它们的重要程度。

2 重要的决定遵从直觉的选择

锻炼直觉的“7秒法则”。

“第一印象就决定了。”

在相亲节目上成为情侣的男女们是这么说的。

据说，7秒就决定了第一印象。

举个例子，在餐厅里点菜时，开始看菜单。

首先心动的是特色汉堡，1,000日元。因为有点贵，所以犹豫了。菜单翻了三遍看来看去，最后决定点一个750日元的套餐。

可是，最后看到邻座的人点了那个特色汉堡，又暗自后悔了。你有过这样的经历吗？

能让你满足的1,000日元，和虽然经济实惠但是有点后悔的750日元，哪一个才让你真的快乐？

说到底，还是那个直觉告诉你“想要”的东西吧。那才是你真正想要的。

当然，我们不能单凭直觉活着。如果每次一有“想吃”的念头就去吃的话，摄入的卡路里就会超量，不仅会损害健康，也会花很多钱。

可是，在这个充满了密集信息的社会里，直觉常常被忽视。实际上，我们的直觉隐藏着比思考更大的能量。

你一定有过这样的经历，虽然是经过深思熟虑决定的结果，可是不管怎样身体就是动不起来，不想做。

这个时候，是你的本能在说“不”。虽然脑袋这么决定了，但是这个决定并不适合你。我们没办法违背直觉去行动。

不管怎么样，最大限度地去磨炼我们所拥有的力量吧。

想要不后悔，有一个“7秒法则”。首先，训练自己在7秒之内抓住心里发出来的信号。如果是绿色就别犹豫，向前走！如果是红色就一定要停下脚步。

“7秒”的长度，是我根据自己的经验总结出的直觉下判断所需要的时间。

不管你的决断时间是长还是短，对你决定的质量是不会有改变的。几乎所有的事情，人的直觉都是在“7秒”就决定了。

这是我20年前去纽约发生的事了。那是一个连路边下水道口都散发着热气的、昏昏沉沉的夏日，酒店距离展会的地点有两个街区，走路要20分钟，于是我拿了地图就开始走。

走着走着，一边擦汗一边把太阳镜拿下来，不知道为什么看到了海。

“好奇怪……”

可是，我感觉是按着地图走的。

那个地方几乎没人，也没有出租车，所以我渐渐地不安起来。

那个时候还没有手机。

我的内心几次向自己发射红色信号：“再走下去就危险了。”

结果，我决定不去了，马上返回酒店。虽然这个展会自己期待了很久，但我不能忽视自己直觉发出来的危险信号。

过后我再查，发现那个地方确实是危险区域，似乎曾经有观光客在那里遇害过。

即使在现代社会里，有智能手机指示你“这个方向是对的”，也要相信自己的直觉。

现如今生活非常方便，你可以获取大量的信息和知识。

根据这些做出的判断，基本上都是合理的。

但是，如果你因此把直觉抛诸脑后的话，就会在大量信息中淹没与盲从。在对信息进行选择和取舍的时候，一定会在某些情况下，也需要依赖我们的直觉。

要锻炼直觉力，首先要拿掉信息和理性这两个刹车。

所以，尝试不依赖智能手机的地图和信息，自己在不认识的街道里走走看吧。

将手机的电源关闭，放进包包里吧。

如果觉得“这看起来似乎很有趣啊，这条街道很漂亮啊，这个房子真好看”，就转进去试试。跟随自己的心血来潮，去冒险吧。

反而在这个时候，更能意外地发现你喜欢的地方。

然后，你就能理解为什么需要偶尔放下信息的武装了。

随着不断的积累，你就会慢慢知道“原来我喜欢这样的东西”“原来我的爱好是这个”。

年轻的时候，有一次整理衣柜，我发现自己有四条不同季节但款式类似的深蓝色连衣裙，吓了一跳。每次觉得“真不错”就买了，但都不知道自己原来已经有四件了。

你不用头脑去控制的时候，直觉的喜好其实非常明显。

在必要的时候，如果能够根据直觉去做选择，真正想做的事情和喜欢的东西，自然就会来到你的身边。

所以在结果可控的范围内，闭上眼睛让“直觉”去做选择吧。

Point of This Lesson

往往错误的选择都是因为不相信“直觉”。当直觉很敏锐的时候就可以做出对的选择，这个选择不管多久以后你仍会觉得是对的。

---

3 根据人生舞台而变化的包包

想让生活节奏有张有弛，就常换用包包。

在女性领导力的培训和职业生涯设计的培训里，我常常被问到这样的问题："如何在工作和家庭之间切换？""有什么消除压力的办法？"

女性的职业生涯在妊娠和育儿的时候，一定会有中断的期间。就算产后重回职场，不仅身体恢复需要一定的时间，还要同时承担照顾孩子这一新的任务。

因此没有办法像以前一样全身心地投入工作，很多女性苦恼于如何平衡工作和生活。越认真的人，越觉得作为职业人、作为妻子、作为母亲“都不能马虎”，把自己逼到绝境。

T美小姐，是一位有着20年资深销售经验的职业女性。她在公司是第一位作为“综合职”（日本的一种用工制度，一种职称）被录用的女性，一直在一线努力着。

三年前她结婚了，还是跟单身时一样，周末的时候也将文件带回家里，加班工作。因为她不想输给同期的男同事们，所以试图从工作量上取得优势。

她几乎没有放松的时间，总是处于急躁的情绪里，于是被丈夫说：“别再在家里工作了。”

女部下们说：“T美前辈这样的工作方式我学不来。”“这个公司是没有所谓的女性理想的职业模范的。”“销售工作是没办法兼顾结婚和育儿的。”想辞职的人越来越多，她苦恼不已。

我给这样的T美小姐提出职业上的建议是——生涯彩虹图。这是Donald E. Super（萨柏，美国职业管理学家）的职业生涯发展理论。

所谓职业，不仅指的是工作经验，它还包含了一个人一生中扮演的许许多多的角色。

所谓“生涯彩虹图”，指的是生涯发展阶段与角色彼此间交互影响的状况，描绘出一个多重角色生涯发展的综合图形。

这些角色是：①孩子，②学生，③职业人，④闲人，⑤市民，⑥父母，⑦配偶，⑧家人（也有一种说法是加上社会人，一共9个角色）。

想要实现丰富多彩的人生，就要在不同的角色里完成应该承担的义务。

而哪一个角色的分量更大，在不同的年龄段是不一样的。

跟那些被父母保护着、角色主要是孩子和学生的十几岁的小孩子相比，随着年龄的增长，颜色会渐渐地丰富，角色越多，色彩（履历）就会更鲜艳。

所以根据这个理论，结婚以后还继续工作的女性，生完小孩变成妈妈以后，家务活的比重变得更大。人生不仅有长度，宽度（角色）越大，越能收获像彩虹一般鲜艳的生涯彩虹图。

可是，像T美小姐这样，当几个角色重叠在一起的时候，职业上想要取得发展，需要完成承担的责任也会相应增加。

其结果就是苦恼于“没有办法切换角色”。

可是，正因为彩虹每一种颜色都独立鲜明才显得如此漂亮。每一种颜色都有其独特的美，才有彩虹集齐所有颜色以后给人带来的感动。

所以，为了创造美好的生涯彩虹图，不要去混淆彩虹的各种颜色=生活的各种角色，专注于你眼前所做之事吧。

为了能让自己更好地享受美丽的虹色，确定一下“现在是什么颜色的时间”吧。

比如，工作的时候就不要想衣服还没洗的事。

休闲的时候，就不要因为明天要做提案的事而变得郁闷。

要有集中于“现在、当下”的意识。

我向T美小姐提的建议是，工作上转换到“重质不重量”的模式。

把下属也能做的工作交给他们。家务活也不必一个人全部做完，有的时候可以借助家人的帮助。

然后，投入到真正重要的事情里去。一点点地，让每一个虹色都变得鲜明，提升工作的质量。

我还向T美小姐提了一个建议，把上班的包包换成周末用的小包。

她迄今为止，为了提高效率，不管是去工作还是跟家人外出聚餐，都背工作时用的大背包。结果就是，难得的休闲时间里还是笼罩着工作的氛围，心情得不到放松。

当心情没办法很好地切换的时候，我建议你从外在开始改变。

换了包包，就不得不换里面放的东西。换的时候你就会考虑“今天外出带这些就够了吧”“带一个外面用的手帕吧”，等等。这些就会变成开关，让你的脑袋从“工作模式”切换到“休闲模式”。

举个例子，工作时用稳重的颜色——灰色的大手提包；休闲的时候就用老公喜欢的颜色——紫色的小包；作为学生去参加研讨会的时候，就用大学时代的校园颜色——绿色的挎包。

就像这样，根据不同的舞台，要有意识地选择适合不同角色的包包。

通过变换包包让自己转换到不同的心情。每一段时间都不急不躁地享受当下。

有一天，我收到了T美小姐发过来的她和丈夫出去吃晚餐的照片。

她发短信跟我说："以前我出去吃晚餐也是带工作用的大手提包，可是今天有点不一样哦。"照片里，紫色的包包跟她晚餐时间的舞台非常相配。

为你丰富的人生里各种各样的舞台准备不同的包包吧。

想要集中注意力于"现在、当下"，就根据不同的舞台变换不同的包包吧。

Point of This Lesson　换包包也许是你切换心情的开关哦。

---

4 养花以后明白的道理

对人要像养花一样，要给予其水、阳光和空气，并予以守护。

在我还是售货员的时候，也总是背着大包。不断往包里塞东西的我，心里也塞满了关于自己的事情。除了能够提高自己工作成果以外的所有事我都不关心。当然，也没尽到教导和关心后辈的责任。

因为店里的花花草草总是很快就枯萎了，有一天上司这么跟我说：

“花是不能够自己喝水的。连给花浇水都做不到的人，没办法培育人。”

那个时候我35岁，正在为如何培养后辈而烦恼。

一位自己经营公司的客人告诉我："从35岁开始尝试去培育什么之后，就知道自己的界限在哪里了。"

埃里克森的八阶段理论（发展心理学）里也提到，30岁后半段（即35~40岁之间）开始的成熟期——能不能给比自己小的后辈们提供有意义的东西，是一个课题。

并不是"只要自己能成长就好了"，你成长的同时也需要你去培养其他人。

你需要开始寻求如何积极地向后辈提供有意义的东西。如果不克服这个课题的话，你的成长就会停滞不前。

怀着烦恼的心，我开始每天一早给店里的花花草草浇水。为了让它们长得更好而修剪枝叶，或者加入一些营养剂，并且每天观察它们的状态。

因为每天都观察得很仔细，所以只要有一点点变化马上就会发现。

比如叶子变黄了，或者土有点干了。

花呢，转眼之间就会盛开，绽放几天之后很快又会凋谢。

花或者叶子凋谢以后，就要把它们修剪掉，再给予适当的照料。

有时候要把花花草草放到窗户边，让它们晒晒太阳。

人的培养就跟照顾植物是一模一样的。

如果发觉对方有变化的话，就要主动地发声。

倾听他们所说的，再给予恰当的意见。就是这么简单的事。

我才发现自己过去从来没有试图去理解对方的状况，只是一味地注重结果。

而且，在倾听后辈们的苦恼时，我也会回想起：“原来我以前在他们这个时候，也有过这样的烦恼啊。”

同时也能体会到，在我给出自己的意见的时候，也是在整理自己的想法。

就像“教是第二次的学”这句话说的一样，培养别人的同时，也是自己的一种成长。

在教授东西的时候，也是在盘点自己的技能。

而你用心守候和教导出来的后辈，也会成为你强有力的伙伴。

栽培新一代，是30岁后半段的人生课题。

当你觉得好像遇到了瓶颈，事情好像总是不顺利，也许是因为你没有好好照顾周围的人。人际关系也是需要定期地浇水的。

Point of This Lesson

当你思考能给下一代留下什么的时候就是在成长。

---

5 会修补东西的人，就会修补人际关系

修补的时间让心变得更丰富充实。

我很喜欢把东西修修补补然后一直用，家电、家具和衣服，我都是不断地维修和保养，然后用很多年。

比如说鞋子，如果鞋跟断了或者磨损了，很多人就不得不修吧。

但是，包包的话怎么办呢，除非破洞了，或者手提的地方断了，否则很多人都是会一直用下去的。

我个人的想法是，与人交往的秘诀，跟保养包包是相似的。

包包与鞋子不一样，虽然一般不会坏，但是划伤、破损的话就没办法挽回了。人际关系也是一样的，常常等到后悔“如果那个时候更认真地应对就好了”的时候，就已经晚了。

举个例子，皮的包包被雨打湿了，如果置之不顾的话就会留下雨渍，过后再怎么擦、打磨都没用了。

假设这个换成人际关系的场景，朋友有困难的时候，没有“那时”“马上”帮助他的话，过后再怎么安慰和道歉，可能这个“心结”都会一直在。

工作也是一样的。

发生问题的时候，就算手头还有其他的任务，也应该优先解决问题。否则，这个问题就会发展成大问题并造成损失。

这个时代，无论做什么都讲求效率。将你的不安和问题丢在一边，在你犹豫的时候事态会不断演变，到无法挽救的时候你就会后悔了。就算有那么一点麻烦，你手上也堆满了事情，但也要及时地将你包包上沾到的水渍尽快地擦掉。

只要你用心把对包包的影响降到最低，对待其他事物也可以用同样的心态。

再说，其实包包的湿气最让人讨厌。如果把它放到阴暗紧闭的衣橱里的话，它的湿气就会越来越重。

我觉得，人际关系也是一样的。

酒友和朋友等，如果因为相处轻松自在就一直固定跟同一拨人交往的话，慢慢地自己就会停滞不前。总是同样的牢骚，总在同样的地方。也许自己慢慢也会变得不耐烦。

工作上的伙伴也是。一直在同样的地方，跟相同的人说话，视野变窄，就很难产生新的想法。

信任你的工作伙伴很重要，但是关系变得太好串通一气也不好。

既然是工作上的关系，就应该有其界限，维持能够将事情沟通清楚的良性关系，是作为职业人所必需的。

另外，一般我们对那些总是见面、关系特别好的人期待值会更高。

你会觉得“他是绝对不会辜负我的期待的”。

可是不管是在多知根知底的朋友之间，也会有彼此不了解的一面，也可能因为各种各样的原因，他没办法达到你的期待。

朋友关系也需要干脆、果断的部分。双方都是不完美的，能够接受和包容对方的缺点，这样的关系才能长久。

这样就算有一段时间没有见面的朋友，也能保持良好的关系。

包包和人际关系一样，如果一直置之不理的话，会沾满湿气。

所以需要时不时换一下地方，通风晾晒一下，用多种方法进行保养。

最后，每天一直用同一个包包会容易旧，所以最好是轮换使用。

因为喜欢的东西很好用，所以会不知不觉就使用过度。但正因为它是重要的小伙伴，所以也要给它休息的时间。

另外，偶尔换成其他的包包，为了搭配那个包包就会考虑新的搭配，说不定就会有新的时尚创意。

虽然可能有点麻烦，但你也许会有新的收获呢。

换成工作上的例子的话，就应该是岗位轮换制。

熟悉了一项业务的人，能够最快最好地完成这项工作，所以总是由同一个人来做。

虽然这是最稳定、最好的，但是偶尔也需要换一个人来做。

不同的人可以从不同的角度出发，发现流程上的问题等等，看到平时看不到的东西。

为了避免一直使用同一个包包，回家以后就将包包清空。

然后把包包放到灯下仔细观察，就会看到因为东西太重或者是拿的习惯的问题导致包包的变形，你就会发现“原来我的用法这么粗暴”。另外，还可以发现需要保养的地方，尽早拿去修理。

在进行新人培训时，我最常收到的咨询还是和人际关系有关的。

“跟前辈接触的时候，我不知道该走多近？”

“关于私人的问题，可以深入到什么程度呢？”

“有没有闲聊的指南呀？”

我首先回答他们：“每天问三次‘怎么样？’”

包包和人都一样，认真地检查“情况怎么样”，适当的维护是很重要的。

所以，珍惜东西并且时常维护的人，也能够维持好人际关系并长久地交往下去。

Point of This Lesson

如果一个人的人际关系总是很快就断的话，要先检查自己的包包。在维护的过程中，慢慢会知道人际关系里需要的是什么。

结　语

在我还在做售货员的时候，非常羡慕那些一到周末就换成小包飒爽登场的女士。

她们无论面对谁都很平易近人，散发着一种和善的气场。她们的双手总是为别人张开，让人感觉非常舒服和放松。这个象征就是小包。

当时我正处于什么都想拼命带在身上的30岁出头的阶段，这些女士的价值观让我觉得非常新鲜。她们传递给我的信息是："人生只需要这么一点，就足够丰富了。”

有一位女士，特意在家里腾出一片地方。因为她居住的区域有时会有地震，她希望能在紧急的时候给别人提供安身的地方。

我明白她希望有余力去帮助别人的心情。

但正因为从平时就努力去包容他人，才会有这样的余力吧。

一身轻才自由，才能有与他人连接的余白。

不知不觉我到了跟女士们一样的年纪。在这些时间里，我一直以她们为模范学会对很多东西放手，给人生留下余白。

而剩下的就是最低限度需要的东西，有真正珍惜的东西就足够了。

前年，父亲去世了。

我喜欢读书是受到父亲的影响。从小我就是看着天花板那么高的书架长大的。

我一边读着架子上的书，一边仔细品味它们上面寄托的憧憬成为编剧的父亲的梦想。

我是一个不孝的女儿，但如果能把这本书献给各位，我想在天国的父亲也会为我开心。

如果这本书能为各位找到自己人生里真正重要的东西尽绵薄之力，我会感到无比荣幸。

最后，感谢长久以来一直支持我的所有人，从心底向你们致谢。在我意志消沉的时候，是我的朋友们不断鼓励我“一定有人想读你的书”。

再次感谢。

2016年春

横田真由子